谈判的艺术

如何通过谈判赢得你想要的一切

张　然◎著

中国商业出版社

图书在版编目（CIP）数据

谈判的艺术/张然著．—北京：中国商业出版社，2013.4
ISBN 978-7-5044-8008-8

Ⅰ.①谈… Ⅱ.①张… Ⅲ.①谈判学
Ⅳ.①C912.3

中国版本图书馆CIP数据核字（2013）第037889号

责任编辑：张振学

中国商业出版社出版发行
010-63180647 www.c-cbook.com
（100053 北京广安门内报国寺1号）
新华书店总店北京发行所经销
北京毅峰迅捷印刷有限公司
*
710×1000毫米 16开 16印张 240千字
2013年5月第1版 2016年11月第2次印刷
定价：32.00元
* * * *
（如有印装质量问题可更换）

前言
PREFACE

人人都是"谈判专家"

如何在瞬间攻克对方的心防、打动人心，从而在谈判中实现合作、达成目标、消除误解、增强信任，是每个人必须掌握的生存术。

历史上，刘邦在鸿门宴上刚柔并济，保存了最后的生机，日后逼得项羽乌江自刎，开创了大汉数百年基业；三国时期，刘备三顾茅庐，与诸葛亮隆中之对，谈出了三分有其一的天下；赵匡胤杯酒释兵权，以兵不血刃的智慧实现了政权的稳定……这些都是老祖宗留给我们的谈判大棋局与大智慧。

今天，谈判是一项极为普通的事，绝大多数人几乎每天都在进行各种各样的谈判：丈夫与妻子对于家庭储蓄是用来购买洗衣机还是摩托车争执不休；儿子与老爸老妈谈判期末考试得了一百分的特殊奖励，是每天多给些零花钱还是买一台游戏机；一位顾客在商场里正与售货员唇枪舌剑，讨价还价；在办公室里，你可能正与某某公司的总经理吹胡瞪眼，抗议他提供了冒牌货，等等。以至于每天拿起报纸，上面也是中美知识产权谈判、法美间谍案纠纷谈判、俄罗斯世贸谈判、企业收购谈判之类的内容。可以说，谈判是每个人生活的一部分，而修炼谈判的本事，瞬间赢得人心，就是你我成功的必杀技了。

每个人从对地位和财富的渴望到最后的成功都需要有一个连接的纽带。可以说，谈判的艺术就是这个推手，它带你以不同于以往的方式看待谈判，帮你化解对谈判的误区，帮你掌握成功之道。

谈判贵在抓住谈判对象的内心，步步为营，赢得谈判。怎么在最短的时间里了解一个人的特点，并从人出发布置谈判策略，正是这本书的精髓所在。它教会你如何读懂人的心思，读懂人的性格，读懂和不同人谈判的规律。

也许你曾经接受过专业的谈判指导，也学习过并且试图利用过不少谈判技巧，但是我们这里讲到的谈判策略绝对是专业的谈判老师没有教给你的，是你上再贵的培训班也学不到的！因为这里讲到的谈判策略都是拿来即用的。

无论你是一位谈判新手，还是久经商场的谈判老手；无论你是一位家庭主妇，还是一位大学生；无论你是无意间发现了这本书，还是经朋友介绍开始关注到这本书；无论你是在第一时间就发现了这本书，还是很多年后才看到。相信我，朋友，这本书会为你开启一个新的视野，只要你静下心来读读，不管是日常生活、商场购物、谈恋爱、交朋友，不管你出于何种目的选择这本书，你会发现谈判无处不在，你需要的东西就在这里。

每一个普通人都有可能成为生活中的谈判高手，你也不例外！

目录
CONTENTS

第一章
口中乾坤，街头谈判无处不在

为人处世，成功与否，首先就取决于你“说”的本领！从国家政要、商界精英，到街头商贩、寻常百姓，每天除了用嘴巴吃饭，就是用它说话。生活中，人人都可以成为“谈判专家”，获取你想要的东西，维系圆满的人际关系。

1. 谈判，和你想的不一样

【谈判术】

谈判就在我们身边，它无处不在，并且许多时候和你想的不一样。谈判的要害在于“攻心”，因为“说话”只是技巧而已。懂得在谈判中瞬间攻心的技巧，不要说讨债了，你要的事业、订单、财富、爱情和人生幸福，都可以一一手到擒来。

在许多人看来，“谈判”是政治家的工作主题，或者是商人进行交易的基础。比如，政治上边界谈判、区域合作谈判，商场上销售谈判、贸易谈判，都需要双方或多方坐下来，进行面对面的协商，从而实现合作、消除摩擦。

其实，谈判是一个很宽泛的概念，可以说无处不在，而非我们想象的那么狭窄。买东西讨价还价、向客户争取订单、跟老板谈薪水、与朋友决定旅游地点，甚至是谈情说爱，都需要借助谈判来实现。可以说，自从有了人类，谈判就相应而生，它是人们与大自然斗争、与他人合作的产物。

简单来说，谈判是人们为了满足各自的需要而进行的交易磋商，是用来解决同他人的分歧或满足自身需要的手段。历史上，毛遂自荐、蔺相如完璧归赵、诸葛亮舌战群儒等谈判故事脍炙人口。今天，人们同样需要以三寸不烂之舌，劝解对方，消除误解，实现利益共享的机会。

可以说，想从对方手中得到一些东西，或对方想从你身上取得一些东西，都离不开“谈判”。在谈判高手身上，我们可以看到他们精彩的攻防话术、强大的沟通能量、精准的心理操控技巧，从而用最少的沟通成本赢得他们最想要的东西。许多时候，我们常常被这种能力深深震撼。

既然“三寸不烂之舌，强于百万之师”，那么我们就有必要真正认清“谈判”的真面目，从而更好地把握它、运用它，让它成为我们成功路上的推手。概括起来，谈判一般具有以下四个特性：

第一，谈判具有公平性，双方是自愿的。因为谈判参与各方对谈判结果均具有否决权，所以任何一方想把自己的不合理要求强加给对方，都会遭到拒绝，无法实现良好的预期。从这个角度看，想要获得彼此认同的谈判结果，必须坚持公平、自愿的原则。

第二，谈判是互惠互利的，却是不平等的。能够坐下来谈判，说明双方都需要对方的配合。但是，双方虽然是本着互惠互利的目的而来，但是在实际中却因实力、需求差别而呈现出强弱不一的局面。通常，利益诉求更大、实力更强的一方往往占据主动地位。

第三，谈判具有合作性和矛盾性。为了使谈判达成协议，参与谈判的各方必须具备某种程度的合作性，但是为了各自利益和目的，就不可避免矛盾的存在。虽然不同的谈判场合下，合作程度与冲突程度各不相同，但是可以肯定，任何一种谈判都同时伴随着一定程度的矛盾性。

第四，谈判是施与和接受兼而有之的一种互助过程。单方面的施与或单方面的接受，无论它是自愿的还是被动的，都不能算作是一种谈判。因此，谈判双方必须形成互动，既时刻想到自己的利益，也关照对方的需求，才能实现最终的合作。

从上面几点分析我们可以知道，谈判从来都不是单方面的举动，而是双方或多方相互认知、相互磨合、相互调整的合作过程。最重要的是，它充满了实战技巧，被广泛运用在我们生活的各个方面。当你学会了谈判，在生活各方面你都能争取更多，在各行各业如鱼得水，享受梦寐以求的人生！

现实生活中，有的人对梦想苦苦求索，有的人兢兢业业以图早日达到成功的彼岸，但是他们都不得要领，总是遇挫或者碰壁。这其中的原因可能很多，不过不容忽视的一点是对谈判认识不足、缺少谈判的技巧。比如，为了达到自己的目的，你试图运用权势压制对方，结果招致报复、伤害双方关系、令对方失去信任；有时候，你选择退出谈判以示抗议，根本没有深入了解对方的观点，并寻求解决问题的方法，结果双方都成了输家。这样的情形太多了，教训也太深刻了。

因此，从现在开始，重视“谈判”这项能力吧，全面认识它，时刻修炼它，在做人做事中明白虚怀若谷的要义、领悟曲径通幽的玄妙，你会获得更为丰厚的回报。在此，对“谈判”形成正确而深刻的洞见，抛弃你头脑中的一些错误观念，这才是成功的开始。

（1）“我一定要战胜对方”

如果在谈判中非要争个你输我赢，处处不让，势必导致对方的反击，即使你通过战胜对方一时得到了自己想要的，那么下一次对方还会让步吗？谈判讲究的是利益之间的交换，目的是实现双赢，从而让双方的合作关系持续下去。无疑，认为“谈判就是击败对手”，这种思路是一个天大的错误。

（2）“这个家伙很难搞，我先释放一些善意”

如果谈判对手很难沟通、交流，是否先释放一些善意，使谈判能够顺利进行？答案是否定的。如果与对方没有利益交换，千万不要轻易让步。这是因为，你不知道对方的“不好惹”是不是他的谈判策略，如果做出了让步，那反而是中了对方的计策。此外，你不知道你所做出的让步是否是对方所需要的，如果是对方需要的，可能会养大他的胃口，逼迫你再次让步。这对你而言就是很不利了。

（3）“接受对方第一次报价”

与对手谈判时，看到对方的第一次报价在自己可接受范围之内，许多人往往会急迫地答应对方的报价，其实这种方法是不可取的。这样做会让对方误以为自己报价太低了，从而下一次报价会主动抬高。此外，我方没有争取到更好的利益、更优惠的条件，对自己来说是一种损失。

（4）“对方会对我的让步感恩戴德”

台湾一家电子企业与内地一家家电卖场曾经就销售代理进行谈判。家电卖场人员说：“你给我个面子，让我一步，价格从 102 元降到 99 元。”销售经理同意了。等到下午谈判付款账期时，台湾方要求是 30 天，家电卖场方坚持 45 天。台湾销售经理说：“这样吧，早上我让了一步，这次你给我个面子，让我一步。”不料家电卖场人员说：“为什么要给你面子？”由此可见，做出让步与善意，一定要及时向对方索取回报，千万不要等，不要期望对方会在下一次谈判时对你让步，不要期望谈判对手对你的让步感恩戴德、永世不忘。

（5）“我就是要 A”

谈判中争取的是利益，但是达成这些利益的是方案，可以通过方案 A，也可以通过方案 B、方案 C 来达成利益。因此，谈判中必须有多个方案，并在事前准备好，与我方的利益相关者协商好，如果方案 A 不行，可以采用方案 B，方案 B 行不通，可以采用方案 C。总之，方案是为了达成目的，不同的方案是为利益服务的，切不可坚持了自己的观点，忘记了自己的目的，坚持了自己的方案，输掉了自己的利益。

2. 鸿门宴：饭局决定格局

【谈判术】

中国是一个讲关系、讲人情的社会，想把事情办好不能没有关系，一想到关系首先是饭局。破解饭局里潜藏的秘密，看透饭局背后的中国文化，是打通人脉、成就功业的前提。饭局之上，你要懂礼仪、识大体、盯细节，这样才能联络感情，结交朋友；疏通关系，求人办事；促成合作，做成生意。掌握了饭局谈判的要义，就能透过这个小小的宴席打开人生的大格局。

人活着，一日三餐，顿顿不可少。饭局之上，不仅是为了满足口腹之欲，人们聚集到一起，还是联络感情、增进交情的需要。可以说，古今中外，饭局都承担了太多的功能。商场、官场、职场，场场绕不开酒场；求人、办事、升迁，谁也离不开饭局。人们在这里说的每一句话，谈的每一个问题，都泄露出内心的隐秘，交换着攸关的利益。

由饭局见格局，从酒席上的交锋决定未来的局势，这种情形屡见不鲜。而千百年来最引人入胜的莫过于“鸿门宴”。一个是西楚霸王，一个是草根英雄，项羽与刘邦的这场争斗改写了历史，也让世人再次见证了饭局谈判的无穷魔力。

在“鸿门宴”这场饭局大戏中，有这样几个关键人物：刘邦，圆滑奸诈，巧舌如簧，能屈能伸，善于应变；项羽，光明磊落，重情重义，有勇少谋，刚愎自用；张良，老练多谋，眼光锐利，善于用人，胆识过人，干练透辟；范增，老谋深算，见微知著，运筹帷幄，心机重重；樊哙，忠勇豪爽，有勇有谋，粗中有细。

故事发生在秦末，各地农民起义相继爆发，其中有楚国贵族出身的项梁、项羽叔侄，有农民出身的刘邦。陈胜失败以后，项梁扶楚怀王的孙子做了楚王，刘邦也投靠了项梁。公元前207年，项梁战死，怀王派项羽等救援被秦军围困的赵国，同时派刘邦攻打函谷关。临行时，怀王与诸将约定，谁先入关，便封为关中王。

项羽大破秦军后，听说刘邦已出咸阳，非常恼火，就攻破函谷关，直抵新丰鸿门。这时，刘邦的左司马曹无伤暗中派人告诉项羽：刘邦想在关中称王。项羽听了勃然大怒，决定第二天发兵攻打刘邦。张良建议刘邦不能和项羽硬拼，于是刘邦退出咸阳，回师霸上，还把咸阳所得一切送到项羽营中，愿意俯首称臣。

谋士范增觉察出刘邦必成大器，便命项羽设下"鸿门夜宴"，剿除刘邦。得知此事的项伯顾念与张良故人之情，向刘邦报信。面对生死的考验，刘邦听从张良的建议慨然赴约，开始一场轰轰烈烈的大较量。

鸿门宴当日，范增早已布下天罗地网，决心把刘邦人头留下。不料，刘邦竟然当着众人的面下跪，乞求项羽宽恕。这一委曲求全、藏锋守拙之计，迎合了项羽狂妄的心理，让刘邦变被动为主动。本来就固执己见、妄自尊大的项羽看到这种情形，竟然没有了怨恨与杀机。在他心里，刘邦从来就不是自己的对手。

接着，酒宴开始了。范增一计不成，又生一计，他命令项庄舞剑，意在刺杀刘邦。结果，项伯出面应对，让项庄无法得逞。然后，刘邦想逃离又拘泥于礼节之时，他接纳了樊哙的建议，果断离开楚营，脱离了虎口。

君斗权，相斗智，将斗勇，鸿门宴上的布局步步惊心。一会儿觥筹交错，一会儿刀光剑影，虽然没有过多的言语，但是双方使出的每一招，都堪比似利剑的言辞。项羽刚愎自用，放跑了刘邦，最后落得乌江自刎的下场，而他的谋臣范增也因谗被废，中道病死。刘邦善用张良，最后一统天下，开创了大汉几百年的基业，的确非同凡响。

鸿门宴给我们的启示是：饭局上渗透着利益的交换，潜藏着无数心机与心语，这种情报信息折射出双方力量的悬殊、决定着日后较量的成败。许多时候，请客吃饭也是革命，你不重视它，就无法在关键时刻展示自己的力量，给对方以威慑，日后必然吃亏。鸿门宴上“沛公”跑了，而摆下这场饭局的人——项羽为此付出了沉重的代价！

今天，无论是商业活动，还是人际交往，各种各样的饭局、酒局应接不暇。这里既有亲情、友情的汇集，也有人心的探测、利益的交换，最重要的是掌握饭局谈判的潜规则，谙熟饭局上的隐形话语，真正做对人、办对事。

台湾王品集团董事长戴胜益在商场摸爬滚打多年，一手把企业打造成年营业额超过30亿的餐饮集团。一路的曲折与跃进，多年的坎坷与荣耀，都可以从饭局初见端倪。

从饭局见格局，在酒局谈判中谋划未来，是戴胜益的成功心得。生意场上的人情交往，与利益交换密不可分。对当事人来说，除了会吃饭，还要懂吃饭。生活中，戴胜益善于营造气氛，从公司员工到外部难搞的客户，都能让对方在愉悦的心情下吃好喝好，进而建立密切的关系，达成商业上的目标。

2000年，戴胜益创立的王品台塑牛排已经在市场上打响了名号，同时他还尝试开拓其他非餐饮领域的事业。于是，他飞到英国，整天与金氏纪录博物馆的相关负责人共进晚餐，目的是争取对方的台湾代理权。有一次用餐的时候，对方推荐了某种酒，结果戴胜益竟然不赞同，还指着酒单，表示另一种酒会比较顺口。结果，对方的气势很快弱了下来，最后双方竟然谈得很畅快。

其实，英国人在品酒方面比戴胜益更专业，但是他一番“装腔作势”，展示出自己的“见识”，自然赢得了对方的认同，也才有了放心授权的可能。后来，戴胜益这样总结：“如果人家是谈吐自若，你连红酒杯都不知道怎么握，要谈什么，气势就少一半。”因此，在那种饭局上，他不得不硬撑下去。

戴胜益的感触是，如果没有先把“吃”搞定，“事”也别想搞定。真正交际应酬时，如果懂食物、懂礼仪，再表现出你的自信、你的胆识、你的历练，对方一下子就会屈服了。这种饭局上的交谈作为开门见山第一炮，必须打响。

谈判是一种沟通艺术，具体到沟通的形式则是多种多样。除了正式场合的谈判，饭局、宴席上的隐性谈判更是司空见惯。这里面隐藏着很大的学问，需要我们在日积月累中去体会、感悟。否则，只待日后明白过来，已经时机错失，空留悔恨。

吃饭很简单，但是会吃饭却学问多多。真正有本事的人重视饭局，善于从中找到人生的赢道。正如戴胜益所说，初入饭局一无所知，感觉很糗，这是见世面太少的缘故，关键是一定立志把这方面的东西学会，而不是不思进步。

（1）吃饭是赢取人心的好工具

成就伟大的事业，需要好人才的帮助。拉近与员工、客户的关系，必须充分利用吃饭时刻，彻底放下身段，赢取人心。饭桌上，与对方称兄道弟，和每一位家属谈天，把对方当做真正的朋友，以后办事也就顺利多了。

（2）广结善缘，拒绝亲疏之分

吃饭的目的是联络感情，大家可以坦诚相见，谈很多在办公室不会谈的事，吃吃喝喝、吵吵闹闹中，共识就形成了。撮合一个饭局，最重要的是与更多的人在一起，这样才可以广结善缘。但对领导人而言，绝对不能单独和员工吃饭，避免造成其他人的不安全感和误会。

（3）在饭局中甄别人才

一个人吃饭的样子可以透露很多讯息。从一个人的动作、谈吐、拿刀叉的姿势、和别人的互动，就知道他大概是什么身份，甚至还看得出职位和年收入。一个有经验、有视野的人，光是从选餐厅、点菜就可以看出很多问题。点太多，表示不切实际；而点到大家都吃不饱的人，你在他身边应该也不会捞到什么好处。由此可见，饭局是识人的大场合。

3．三顾茅庐：谈出来的天下

【谈判术】

人们常说，眼睛是心灵的窗户。其实，嘴的功能亦不能忽视。谈判中的说话艺术是一种诀窍，一个人只有掌握这种巧妙的方法，充分利用自己的三寸不烂之舌，才能获得成就。对谈判高手来说，不仅要善于在激辩中移花接木，而且应让自己的话题落地生根。

任何时候，出众的口才都是一个人办大事的基础。尤其是，能够根据场合、对象发挥口才艺术，并配合表演才能，最终达到自己目的的人，是成大事者。因为他声情并茂地演说，游刃有余地交谈，完全把对方置于自己的情境中，让人感同身受，这么做没有不成功的道理。

由此可见，擅长演说与谈判的人，可以左右局势、鼓动人心，甚至可以敲定天下。在《三国演义》里，刘备三顾茅庐，诸葛亮隆中对，就上演了这样一幕精彩的好戏。

东汉末年，爆发了黄巾大起义，一时间天下大乱。曹操坐据朝廷，孙权拥兵东吴，汉宗室豫州牧刘备东奔西跑，一事无成。后来，他听从徐庶、司马徽的建议，请诸葛亮出山，辅佐自己争夺天下。

第一次，刘备和关羽、张飞带着礼物到南阳请诸葛亮出山。结果，诸葛亮出远门了，三个人只好失望而归。不久，刘备又带着两位兄弟，冒着大风雪去请诸葛亮。不料，他又外出闲游去了。最后，刘备只好留下一封信，表达自己对诸葛亮的敬佩，并请他出来帮助自己挽救国家危险局面。转眼到了第二年的春天，三个人再次去请诸葛亮。还好，这次诸葛亮在家，正在睡午觉。刘备不敢惊动他，一直站到诸葛亮醒来，才彼此坐下来谈话。这就是"三顾茅庐"。

刘备当面向诸葛亮请教天下大势，以及如何匡扶汉室。诸葛亮精辟地分析了当时的形势，提出了首先夺取荆、益作为根据地，对内改革政治，对外联合孙权，南抚夷越，西和诸戎，等待时机，两路出兵北伐，从而统一全国的战略思想的宏伟蓝图。这次谈话即是著名的《茅庐对》。

听完诸葛亮的高谈阔论，刘备被震撼了，认为自己找到了真正的治国能臣。于是，他请诸葛亮出山，辅佐自己谋求天下。然而，诸葛亮拒绝了，以疏懒成性为由不愿意出山。最后，刘备叩首而泣，深深打动了诸葛亮。就这样，一代智谋之士感于刘备的诚意和正义，决定出山帮助他谋取三分天下的功业。后来，诸葛亮帮助刘备挫败曹操的先锋部队，而后掩护他逃亡夏口，直到促成了孙刘联盟，一举击败了曹军，真正实现了天下三分。

可以说，刘备能够有后来的霸业，在很大程度上得益于他三顾茅庐，以自己的诚意感化了诸葛亮。而诸葛亮隆中对，道出了三分天下的玄机，由此勾勒出了三国的时局。这种一语定乾坤的霸气，令人称道不已。刘备与诸葛亮，在南阳山村的一席对话，谋划了日后几十年的蓝图，这种谈判不是常人可以经历的。或许，茅庐隆中对过于庞大，超出了常人的想象与作为。但是，在政治、经济、军事等各个领域，经过一席谈判而敲定大局、大事，这样的情形很多。

谈出感情，谈出合作，谈出共识，需要当事人掌握机变的技巧、拿捏人心的需求。这就涉及到该说什么、不该说什么，以及如何去说的问题。这些都是交谈的策略、谈判的智慧。

为什么有的人一开口就招人烦？为什么有的人一说话就惹人喜欢？说话不难，难的是把话说得中听，容易让人接受。因此，在谈判中建立友谊、发展关系的过程中，口才扮演着重要角色，能说、会说并且说到位，往往能把握大局，掌控局面，否则就会处处被动，寸步难行。

公元22年，刘秀与哥哥刘演在老家南阳郡舂陵（今湖北枣阳）起兵，打出了“复高祖伟业”的旗号。起兵之初，刘家军是清一色刘氏宗族子弟。经过小长安一战，宗室子弟死伤惨重，兄弟俩用类似传销的方式，动员宗族子弟利用各自的人际关系，在劝说、利诱下聚集了七八千人。这支部队凭借巨大的凝聚力，所向披靡。

不久，绿林军的两个分支为躲避瘟疫转战到南阳，濒临散伙。刘秀兄弟主动联络他们，通过“平分财物”的方式与其结成了坚固的同盟。对另一支绿林军，刘家兄弟主动拜访，又“说以合从之利”，使其愉快地答应合作。由此，几支部队聚集到一起，被称作“汉军”。

公元23年，刘秀兄弟率汉军拥立了更始帝。这样做，既能联合更多的反政府势力，还能利用更始帝吸引更多“思汉势力”加盟，并在更始帝的保护伞下自由地发展真正依附于自己的势力。就这样，王莽的势力逐渐被歼灭。这时候，更始帝考虑到刘演对自己的威胁越来越大，便令人将其击杀。刘秀虽然极端不满，但考虑到自身安危，只好采取隐忍的策略。

后来，刘秀争取到了巡视河北的资格。他决心像当初起家时一样，继续通过政治谈判的方式，去争取地方实力派的支持。每到一地，刘秀名义上是安抚群众、整顿社会秩序，实际上是与当地政府官员或豪强搞好关系：对服从更始政权的，就以“考察官员政绩”为名，充分提拔拉拢；对效忠王莽的，就通过谈判达成契约；对独立行动的，就以现实物质刺激和未来政治承诺解决。

结果，刘秀的政治支票在这些既得利益集团中很受用，信用度也比较高。公元26年，刘秀宣布“宗室列侯可以复国”，这是给旧利益集团的绝对优厚的福利。利益开道，自然省去了许多抵触，也获得了相应的政治支持，为刘秀日后接掌帝国最高权力奠定了良好的基础。不久，28将主动投诚、百万流民积极加盟，一举促成了刘秀问鼎天下。

可以毫不夸张地说，刘秀的江山与其说是打下来的，倒不如说是谈出来的。真正令他走向帝位的核心力量不是武力，而是和平谈判和相互妥协。正是不同利益群体特别是旧帝国官僚及其背后利益集团，将刘秀推上了历史舞台。在这个意义上，刘秀不仅是军人，更是一位优秀的政客和谈判专家。

谈判，本身就是利益的牵扯、推拉，是各个利益方妥协的过程。最重要的是，你在其中要明确自己的利益，并想到他人的利益，善于甄别人心、把握时局，根据情势变化采取稳妥的对策，作出正确决断。在整个过程中，该说什么话，该怎么说，都有很大的学问。

在谈判中，很重要的一点是只说该说的话。如果想做什么就说出来，注定完蛋，也就不会有左右局势、指点江山的豪气了。尤其是在日常生活中，说与不说都不能任由自己的性子，把握好场合、对象、时机，是最重要的。

有一则流传已久的笑话，说的是一位工会主席召集五个委员开会。开会的时间早已过了，可是只来了三个人。他叹气说道：“唉，该来的没有来！”有个委员听了这话觉得很不自在，他想：莫非我是不该来的人？于是这个委员悄悄地走了。工会主席见状，又叹道：“唉，不该走的走了！”剩下的两个委员听主席这么说，误认为他俩是该走而没有走的人，于是一气之下全走了。可见，因为说话不妥当，非但会议没开成，而且还得罪了人。工会主席用舌头给对方心里留下的阴影，恐怕短时间内难以平息。

在社会上混，尤其是进行利益谈判时，既有智慧的较量，也有心理的比拼。为了知己知彼，双方都会使出浑身解数刺探商情。通常，人们说每一句话都应该深思熟虑，有所保留，这样才能最大程度上维护自己的利益。特别是涉及到重大利益的时候，首先要会说话，其次要清楚该说什么、不该说什么。言为心声，你说的每一句话都可能透露出内心的真实想法。因此，无论怎样，不要让别人看透你的内心。

（1）照顾对方的情绪，不能有话直说

现实生活中，有些人很有钱，于是讲话高高在上，趾高气扬，根本没把他人放在眼里，结果得罪了人，最后自己也变成了孤家寡人。

（2）保守秘密，不能有话直说

做人要懂得迂回处世，做该做的事情，说该说的话，是最起码的要求。说话过头，泄露机密，是注定要吃亏的。

（3）体察对方的心理，不能有话直说

交往说话时，必须照顾到对方的情绪，体察对方的心理，才能作出符合实际的判断，在交往中取得预期的效果。

4．舌战群儒：舌尖上的兵马

【谈判术】

古往今来，发挥口才的艺术，在谈判桌上施展才智、韬略，争取我方的利益，都是重要的斗争形式。大到国家之间的利益划分，小到生意场上的利润分成，在滔滔不绝的话语背后，是争夺、较量。许多时候，哪怕你占据主动位置，如果不谙熟谈判的技巧，照样不能维护自己的利益，能说会道也是真本事。

无论是达成合作，还是阐明主张，谈判桌上都离不开唇枪舌剑的较量。这种较量虽然不是战场上的厮杀，却比之并不逊色。许多时候，谈判即短兵相接。两军交战智勇双全者胜。智者，就是想方设法战胜对方；勇者，就是在心理上战胜敌人。求人办事，统御部下，必须闯过谈判关，才有可能推进目标的实现。

东汉末年，曹操挟天子以令诸侯，逐步消灭了有实力的军阀，唯独刘备、孙权还有发展壮大的可能。面对这两个劲敌，曹操想出了一拉一打的策略，他派人给东吴的孙权送去书信，想拉拢孙权投降，然后绞杀刘备。当时，孙权手下的谋士畏惧曹操实力强大，大多主张降曹自保，只有鲁肃主张联刘抗曹。但鲁肃自知难以说服孙权和东吴的文臣，特意请诸葛亮来当说客。

鲁肃引诸葛亮见了东吴的一群谋士，这些人并非泛泛之辈，个个都是有学问的人。面对众多强敌，诸葛亮施展出众的口才，既保持了外交上的克制，又有力地打击了那些挑衅的人，一时间指点江山，畅快淋漓。

（1）先守后攻

面对东吴诸儒的诘难，诸葛亮神态自若，一一作答，是为守，然而他又不甘于只是作答，每于答后发起攻势。东吴第一大谋士张昭首先发难：“听说刘备到你家里三趟，才把你请出山，以为有了你就如同鱼得了水，想夺取荆襄九郡做根据地。但荆襄已被曹操得到，你还有什么主意呢？”

诸葛亮知道，如果不先难倒张昭，就没办法说服孙权联刘抗曹了。于是，他这样应对：“刘备取荆襄这块地盘，易如反掌，只是不忍心夺取同宗的基业，才被曹操捡了便宜。现在屯兵江夏，另有宏图大计，等闲之辈哪懂得这个。国家大事，社稷安危，都要有真才实学的人拿出好主意。而口舌之徒，坐而论道，碰上事儿，却拿不出一个办法来，只能为天下人耻笑。”一番话，说得张昭哑口无言。

（2）各个击破

对不同的人采取不同的方法击败对方，是诸葛亮舌战群儒的又一大特色。在整个过程中，诸葛亮的论辩艺术发挥得酣畅淋漓，他面对群儒潮水般涌来的诘难，沉着应战，或引经据典，或转换论题，或厉声责问，或反唇相讥，可谓得心应手，游刃有余。如以韩信之谋，杨雄之死来作为论据帮助申明观点；对步骘的“孔明欲效仪、秦之舌，游说东吴耶”之论弃之不理，而从苏、张二人豪杰本色入手，转守为攻。

详略的不同、论辩方法的不同显示出诸葛亮的机动灵活，详答老辣者，略对浅薄者，挥挥洒洒，左右逢源，嬉笑怒骂，皆成文章，着实令人叹服。各个击破的策略，让东吴各位谋士群起而攻之的计谋无法得逞，被杀的片甲不留。

（3）语势磅礴

在论辩过程中，诸葛亮语势磅礴，使对方慑服于他的语言威力，只有招架之功，而无反击之力。这一点突出体现在他的反问语气的运用上。如反诘张昭：“鹏飞万里，其志岂群鸟能识哉？”“豫州不过暂借以容身，岂真将坐守于此耶？”等等。总之，一连串的反问句语势强烈，咄咄逼人。在以理服人的基础上，诸葛亮更以其语言的气势压倒了对手。

谈判中，语势磅礴源于理直气壮，“理直”是因，“气壮”是果。在诸葛亮的意识中，此番东吴之行乃为正义而来，故而正气浩然，处变不惊。潇洒的风度、广博的学识，使对手在气势上先输了三分，加之诸葛亮一阵穷追猛打，遂有破竹之势。

（4）语带双机

在众位谋士里，陆绩以曹操是相国曹参之后，刘备出身无可稽考相诘，“眼见只是织席贩履之夫耳，何足与曹操抗衡哉!”诸葛亮先不直接回答问题，而是轻蔑地一笑，“公非袁术座间怀桔之陆郎乎?”诸葛亮此处提及此事，表面看来似属闲笔，实则颇有深意。怀桔之事本为尽心事孝之典范，然而毕竟是小儿所为，怀桔小儿之论必是小儿之见，自然“不足与高士共语”。

凭借高超的语言技巧，诸葛亮使整个论辩过程精彩纷呈，于有限的语句中蕴含极深的意味，嚼之余香满口。语带双机之辩术充分显示了诸葛亮的论辩技巧，一石二鸟，弦外有音，以极精炼的语句表达极丰富的内容，颇具战斗力。这种谈判的本事运用到实践中，的确给对手带来巨大的杀伤力。

总之，诸葛亮以超人的胆识同东吴群儒展开舌战，以其滔滔辩才使对手一个个皆成“口”下败将，并最终说服了孙权，使吴蜀联盟共抗曹操的局面得以形成。诸葛亮舌战群儒风头出尽，其娴熟的论辩技巧令人折服，堪称经典。由此可见，谈判的功用是多么强大，口才的威力是多么令人震撼。作为一种实用之学，谈判中的论辩艺术是彼我双方较量的利器，更承担着争取更多利益的重任。三寸之舌能抵百万之兵，从古到今都不是虚言。

人生在世，许多事情都是与他人谈判的结果。在讨价还价、争取利益的过程中，你有了自己的职位、薪水。从这个角度看，与人谈判的本领其实是一种生存的能力。在同等努力、付出的基础上，这种谈判能力决定了你的收益大小、幸福程度。而这一点，与古代战场的厮杀，从而获取个人利益，并没有本质的不同。因此，学好、用好谈判之术，掌握并驾驭舌尖上的兵马，是每个人生存、发展的需要。

5. 杯酒释兵权：兵不血刃的谈判术

【谈判术】

古语有："一言可以兴邦，一言可以丧邦。"这句话也许有些夸张，但确实说出了口才的重要性。政治家要使自己的治国方略为公民所理解、支持，就必须登台演说，用自己的嘴巴使自己登上权力的顶峰。商界人士拿下订单、谋求合作，需要精准判断对方利益诉求，凭借三寸不烂之舌游说对方与自己利益共享。这都是谈判中口才的巨大能量。

口中乾坤，的确玄之又玄。掌握谈判策略的人，加上自己的实力，配合当时的情境，可以兵不血刃地化解危局、拯救他人。这种功德如何夸大，都不会过分。

这个世界上的许多事情，都是力量的比拼。这种力量不仅是武力的较量，也是权衡利弊的剖析。所以才会有"听君一席话，胜读十年书"的慨叹。更重要的是，这种百炼钢化为绕指柔的本事，是需要胆魄与心机的。

历史上，五代十国的混战局面结束以后，北宋统治者面临着两个重大问题：一是如何重建中央集权的专制统治，使唐末以来长期存在的藩镇跋扈局面不再继续出现；二是如何使赵宋王朝长期巩固下去，不再成为五代之后的第六个短命王朝。

对此，宋太祖赵匡胤求教宰相赵普："从唐朝结束以来的数十年，皇帝已经换了八个家族了，战争频繁不休不止，百姓生活在水深火热之中，这是为何呢？朕想结束天下的战争，使国家长治久安，如何才能做到？”赵普回答：“陛下能够认识到这个事情，真是天地之福，人神之福啊。造成天下的混乱，并非别的原因，就是藩镇的权力太大，君主弱而臣子强。如今要想解决这样的情况，只有削弱藩镇的权力，限制他们的财政，将他们的精锐军队收归中央统一调度，这样天下就会和平了。”

听了赵普的建议，宋太祖在宫里举行宴会，石守信、王审琦等几位老将都来了。大家喝过酒，开始无话不谈。宋太祖示意身边的太监退出去，然后和大家干了一杯酒，接着说：“没有大家的帮助，我不会有今天的地位。但是你们可能想象不到，做皇帝也有许多苦衷啊，有时候还不如你们自在。说实话，我都好久没有睡过安稳觉了。”

大家听了知道里面隐含着内情，就问其中的缘由。宋太祖仍旧不露声色：“人们都说高处不胜寒，我站在很高的位置上已经感觉到寒意了。”石守信等人知道宋太祖担心有人篡夺他的皇位，非常害怕，于是站起来跪倒在地上说：“现在天下已经安定了，没有人敢对陛下三心二意啊！”

宋太祖摇摇头说：“你们和我南征北战，我自然信得过。但是如果你们的部下为了攫取高位，把黄袍披在你们身上，会出现什么情况呢？”石守信等人听到这里意识到大祸临头，连忙害怕地求饶：“我们愚蠢，没有过多考虑，请陛下给指条明路吧。”

接着，宋太祖借机表达了自己让他们放弃兵权的想法，建议“人生苦短，犹如白驹过隙，不如多累积一些金钱，买一些房地产，传给后代子孙，家中多置歌伎舞伶，日夜饮酒相欢以终天年，君臣之间没有猜疑，上下相安，这样不是很好吗？”大臣们答谢说：“陛下能想到这里，对我们有起死回生的恩德啊！”

第二天，石守信、高怀德、王审琦、张令铎、赵彦徽等上表声称自己有病，纷纷要求解除兵权，宋太祖欣然同意，让他们告老还乡了。

开国皇帝杀功臣，在中国历史上比比皆是。如汉朝开国皇帝刘邦、明朝开国皇帝朱元璋，都是这样的典型。宋太祖不仅不杀，而且采取一种最省力的方式，让大家都得到很好的结局，这里有三点很重要：一、威吓；二、推心置腹的谈心；三、安排出路。三点缺一，效果必然大打折扣。

在这段历史故事中，宋太祖没有采取军事行动消除将帅手中的权力，而在酒宴上也没有与大家直接说明自己的想法，而是通过隐晦的方式表达出自己的意图，使大家知难而退，达到了预期的目的。试想一下，他如果心直口快，直接表露出自己的担心，必然给自己带来麻烦。

对于处于领导阶层的人来说，他们说的每一句话都能给别人带来猜想，所以说话必须慎重。在谈判中学会隐晦表达，能给对方留有回旋的余地，使自己保持谦逊的姿态，就容易形成良好的互动。一些人说话过于直白，往往把他人逼进死胡同，使彼此的关系僵化。

一人之辩，重于九鼎之宝；三寸之舌，强于百万之师。古有战国苏秦数国游说不辱使命，今有商业谈判改写一个地区的经济发展航向。出众的口才艺术、谈判技能，无疑也是一种巨大的生产力！对谈判高手来说，把话说到点子上，说到对方的心坎里，实现利益的交换，就到达了成功的彼岸。

兵不血刃地攻下对手，取得谈判胜利，需要掌握谈判桌上两大利器——说服与让步。在谈判桌上，这两点就像一对密不可分的朋友。具体来说，说服不代表就是战胜对手，而让步也不代表是向对手投降。说服与让步里面包含不少方法与技巧，谈判的成功与否与运用好说服、让步的技巧是密切相关的。

（1）把握说服的方向

谈判的方向与原则是谈判双方的起点，但有时候，随着谈判进程深入，谈判偏离方向，从而导致谈判偏离了双方的初衷，最终也难以达到双方的要求。为了避免谈判破裂，你必须掌握说服的技巧与方法。

比如，可以利用图像化、数字化的 PPT 展示你的意图，给对方直观的表达；可以从对方角度来说话，通过换位思考引导对方按照你的思路走；还可以包装谈判议题，在谈判桌上不是讲是非，而是讲利害，让对方洗耳恭听；可以在谈判中进行回顾与总结，得到对方确认，方便谈判继续。

（2）让步不代表投降

在商务谈判中，让步是经常发生的，而且让步与说服往往相辅相成。但是，在谈判让步的前前后后，必须注意让步的技巧，不能无意识的让步，也不能乱让步，需要掌握让步的章法与技巧。

首先，掌握让步的幅度，要做到让步幅度递减，第一步让步不能太小；其次，把握好让步的时间，让步时间应该是越来越慢的，速度太快，别人会认为你让步很容易；再次，掌握让步的次数，让步的次数，一般不要超过 3 次，让过 5 次就太多了；最后，把握让步的底线，避免一不小心结果就是自己陷入了自己挖的坑里面，这就得不偿失了。

6. 砍价：生活中无处不在的谈判

【谈判术】

砍价不仅是买卖活动的需要，也与我们与他人协商解决问题有关。在和为贵的时代，凡事都有商量的可能，最重要的是你必须捺着性子去谈，在沟通中表达自己的意图，通过游说改变对方的想法。当然，很重要的一点是你必须掌握人心探查的艺术，这样才能在砍价谈判中把话说到对方的心坎里，瞬间达到攻心的目的。

人生就是谈判的过程，你要与他人协商解决问题，也会为了争取自己的利益而提出条件，还会在日常消费中与商家讨价还价。总之，人与人之间的关系，就是不断进攻与妥协、选择与放弃的过程。

无处不在的谈判提醒我们，遇事必须再三斟酌、仔细思量，在保护自己利益的同时，也要兼顾对方的利益，并找到双方都能接受的方案。期间，为了目标、利益协商的过程，其实就是一种“砍价”行为。

比如，上司给你布置了任务，你首先会掂量一下自己的实力，如果无法完成任务，就需要与上司商榷，提出自己的想法，或者适当降低任务目标。再比如，好友向你借钱，而数目巨大，超出了你的财务能力，你也会跟对方商议一下，只借出总额的百分之八十，或者一半。在协商中求得共识，在探讨中谋求一致，这本身就是讨价还价的过程，或者说是一种砍价的行为。这种行为从本质上说，就是我们俗称的“谈判”。

当然，具体到日常生活中，砍价行为最普遍，也最常见的是买卖中的讨价还价。在这方面，同样需要高超的谈判技能。在砍价中，双方最在乎的是价格，而维护的是自己的利益。直到双方在价格上找到一个平衡点，满足双方的心理需求，交易就算完成了，最后皆大欢喜。

按照经济学的解释，“砍价”是买方消费行为，是指买方在卖方给出的售价基础上要求降价，以达到自己满意价位的行为。在这里，“砍”是动词，“价格”是价值的反映，当销售价格脱离买方的期望价值时，就会发生砍价行为。其中的谈判行为，就需要当事人双方展开口才、心理等方面的才能了。

会砍价的人，能在瞬间打动人心，或者让对方没有反驳之力，从而乖乖地按照自己的标准成交。下面是一个砍价的片段，从中可以看出高超的谈判艺术是多么重要。

顾客：老板，请问这双皮鞋多少钱？

老板：200 元，正宗广州货，要不要？

顾客：我先看看……

老板：别看了，东西是好东西，给你优惠点，190 元。

顾客：这也叫优惠啊？

老板：呵呵，好吧，就 160 元，这回可以了吧！

顾客：哈哈哈哈！

老板：你笑什么，难道嫌贵？

顾客：不，何止是贵，简直就是用水泵抽我的血！

老板：哪里有那么夸张，看你是本地人就 150 元吧。

顾客：……

老板：你不会还嫌贵吧，我最多只挣你几块钱。

顾客：不，我没有说贵，这双鞋值这个价钱。

老板：你真有眼光，快买吧。

顾客：鞋是好鞋，只是我口袋里的票子有限啊。

老板：那你口袋里有多少钱啊？

顾客：100 元。

老板：天啊，你开玩笑，赔死我了，再添 10 元。

顾客：没的添，我很想给你 120 元，可无能为力。

老板：好吧，交个朋友，100 元成交！

上面这个故事是典型的砍价谈判案例，也是我们日常生活中经常能遇到的情况。这位顾客显然是谈判高手，竟然把一双标价 200 元的皮鞋砍掉了一半的价钱，并最后顺利成交。纵观整个谈判过程，老板在一开始的时候就失了先手，而且期间又屡次中伏，使得顾客探到了自己的底牌；而顾客则一上来就争取到了主动，然后不紧不慢，一步一步的进攻，不抓到底牌不松嘴，最终取得了本场谈判的决胜。

总结看来，在谈判中一定要藏好自己的底牌，决不可让对方摸清我方的意图。同时，也要步步为营，分毫力争，不让他人从你的态度上揣摩到你内心的真实想法。此外，明显的表明自己的成交态度也不足取，如果让人知道你很想成交的时候，你就已经失败了一半了。这些细节都是至关重要的。

既然生活中的砍价行为无所不在，那么我们应该如何训练自己这种本事呢？会砍价的人，在悄无声息中达成自己的目标，并且在心理上怡然自得。他们享受砍价行为，在与人讨价还价中收获了更多快乐。怎样砍价，还是大有学问的，不妨从下面几点入手。

（1）声东击西法

在商店里发现了自己需要的货物，别急着询问价格，也别与店主讨价还价。这时候，不妨多打听几种其他物品的价格、质量等，等老板费尽口舌之后，再“随便”打听一下你要买的货物价格是多少，使对方摸不着你的消费心理。这样做可以充分表现出你的内行、务实，价不实决不肯买，此时砍价往往成功。

（2）挑肥拣瘦法

先不动声色地走进店里，看准了店里没有什么，你就偏要什么，让店主先有几分惭愧。如果发现了心爱的货物，不要失声尖叫，也别喜形于色，继续保持你的镇定，装出无所谓的样子，隐藏自己的真实欲望。譬如购买一条高档红色连衣裙，当你发现货摊上正好没有白色连衣裙时，你便对摊主说要买白色连衣裙，其他颜色都不理想。这时候，摊主出于促销心理，你再砍价，更容易达到目的。

（3）掏空腰包法

在砍价中要善于打“持久战”，往往在消费过程中，谁性急谁吃亏，谁养成一种讲价耐心，谁就会最终获得价格上的优胜权。如果没有其他的办法了，可以先讲好价钱，付钱的时候有意掏空腰包，以身上的现金不够为由委婉砍价。

（4）试探砍价法

把货物拿在手里，不急着检查质量如何，先说出它的种种缺点，给对方很大的压力。这样一来，价格上自然就有了商量的余地。很简单，在顾客“不满意”的情况买的东西，店主在价格上还能不让步吗？你也可以以推销员身份前去向摊主推销同种物品，试探批发实价，然后到别摊“揭出”批发价码，摊主认为你很内行，砍价会有更多胜算。

（5）差季砍价法

对不轻易过时的物品，进行差季购买容易达到砍价的目标。由于卖主怕压货或为了资金流动，往往“含泪大酬宾”，此时你大砍价，就可以买到价廉物美的商品。当然，你要仔细甄别商品的质量，谨防上当受骗。

7. 升职加薪：做好与老板达成共识的沟通

【谈判术】

你有你的加薪理由，老板有他的想法和判断，要想成功获得加薪，就像排兵布阵一样，也要讲究一些“兵法”。总之，开口之前，一定要了解公司的实际薪资情况，做到“有备而战”，这样才能把话说到领导的心坎里，达成自己的目的。

工作中付出了很多，自然要得到相应的回报。这不仅是生存的物质需要，也是个人价值实现的一种证明。通常，每个公司或组织都有相应的薪酬计划，但是当个人的付出与收入不成正比，也就是付出高于收入时，我们就有主动与老板或领导谈升职加薪的要求了。这时候，就需要运用到谈判技巧。

在跟老板谈判涨薪水，开口之前，你必须分清什么是事实，什么是谎言。许多人过高估计薪金谈判的难度，认为唯有神助才能实现其成功。事实上，谈判只不过是“一场最终达成共识的对话”而已。当你克服了恐惧，那么你就是英雄，想要的薪资自然唾手可得。

（1）在新工作开始之际谈薪水

谈到升职加薪，许多人以为那只是工作了一段时间以后才发生的事情。其实，谋求一份新工作的时候，或者进入一家新公司的时候，这种谈判就已经开始了。为新工作进行谈判将是你事业的重大转机，能大大增加你的薪水。如果有人为你提供工作机会，这意味着你的职业技能有市场。就当前收入加薪，薪酬可能会提高 5%，如果幸运的话有可能是 10%。

调查显示，15% ~20% 的人从未就新职位的薪水进行过谈判或提出任何异议。更多的人由于未做准备，让本来可以增长的那部分薪水白白溜走。无论哪个行业，谈判高手都能增加薪酬吗？错。在有些行业，例如非盈利组织、政府工作部门和教育部门，他们有各自的薪金订立规则。有时候，薪金范畴由政策决定，其他时候，职位不同薪金各有不同。而且市场形势和资历也会导致薪资谈判行不通。

具体来说，当面试时被问及当前薪金水平，不能隐瞒。通常，在谈判的开始不久，你就会被问到这个话题。需要指出的是，大多数情况下，你应该按照你的现有市场价值决定薪金数额，而不是参照你当前的薪金水平或周围同行的薪金水平。在这个基础上，你可以根据个人能力大小、业务专长，以及公司的需求程度，与招聘者或老板进行协商薪水的高低。

当然，协商具体的薪水需要技巧。事实上，最重要的是怎么说而不是说什么。通常，你的身体语言、坐姿、站姿以及说话方式，都将决定别人对你的看法。还有就是，你必须在谈话中摸清对方对你的认同度，如果对方非常认可你，而你也是该公司迫切需要的人才，那么再谈论薪水就非常容易了。

此外需要注意的是，在薪水谈判中你要表现出谦恭的样子。通常在初次提出薪金数额时，招聘经理会故意留些回旋的余地，商讨之后敲定数额，他们实际上预计你对薪金数额会有异议。总之，掌握与人沟通的技巧，在不卑不亢中和谈，一切都有商量的余地。

（2）老员工如何跟领导谈加薪

在一个公司工作久了，而自己的付出得不到回报，在薪水上无法体现，就需要跟负责人谈增加薪水了。提升职或加薪，不是要多点钱或者有个更好职位这么简单，这是一次很正式的沟通，能够帮你确定很多事情，比如公司对你价值的评估，你上级对你价值的评估，等等。如果可以实现良好的沟通，不但能增加薪水，还能深入地了解自己在公司中的位置，以及未来的发展方向，对个人成长与职业空间发展大有裨益。

需要谨记的是，不要直接走进老板办公室要求加薪，并且说着“我不知道你是否会想到，但是……”或是“我不知道是否还有商量的空间，但是……”之类的话。办公室的每个人都该遵守同一定薪规则。在每一个组织里，有些人总比其他人更优秀，他们就像明星一样对公司来说价值更大。为此，你在加薪谈判时要熟悉常规的操作流程：

①书面提出。给你的领导认真发一封邮件，或者写一封信，回答下面这些问题：你为什么觉得自己可以升职或者加薪？你为什么选择这个时候提出来？你想加薪多少（幅度范围）？为什么可以加这么多？通常，领导给你回复的时间拖得越长，表明他对你价值的认可度就越低，对此务必要心里有数，不可鲁莽而为。

②进行面谈。如果你的价值对公司很重要，或者上司是一个很有魄力的人，他会直接回复你，答应你的要求。此外，通常的情况是上司找你单独谈话。在这种情况下，你要让对方说话，因为你该说的都在邮件、信件上说清楚了。从上司的口里，你可以进一步地了解到他个人和公司对你工作价值和潜力的认可程度，很大的可能你会发现你的考虑和上层的考虑有很大出入，这是你们接下来谈判的重要主题。你的任务就是，如何阐明自己的价值，求得加薪的可能。

③对结果做出反馈。经过一番谈判，领导对你的价值认可，给你加薪，这是最好的结果。如果与之相反，那么你的自尊心会受到打击，这时候你需要综合领导的意见，并结合自己的下一步打算，作出最后的决断。要么忍气吞声继续做下去，要么选择离开。总之，只要自己业务熟练，是有用之才，换个地方也无所谓，那是展翅高飞的新机会。

最后，需要指出的是，今天的社会是互相选择的。请记住，加薪不是乞讨，你一定要开口提要求，否则在追求利润最大化的情况下，公司会节约一切开支。记住，这是你的正当权益，不是乞讨，要底气十足，当然，凡事要讲究方式方法，坦然而善谋。另外，如果领导不答应你的加薪请求，先别垂头丧气、急着想调头就走，不妨当场讨教上司“到底怎样才能达到加薪的要求”，从而为自己日后发展得到有益的警示。

若老板真凭实据地列举你有待改进的部分，那就谨记在心，及时改进以作为下次谈判的筹码。不然，若老板只是打哈哈随便应付，或许你可以使出“离职”这个杀手锏来加以试探。当然，提出离职只是一种试探，除非你早已留有后路。否则，一旦评估有所闪失，或许老板也会将错就错地批准你的要求。那时，可谓是赔了夫人又折兵。

8. 商业交涉：贸易背后所做的博奕策略

【谈判术】

在任何国家，尤其是中国，开展商业谈判时，给对方保全面子非常重要。这点做好了，这次谈判不成，还有下次；若是伤了和气，再见面，就难了。

生意是谈出来的，经商赚钱是与人打交道的过程，从陌生到熟悉，从不认识到成为生意上的伙伴，整个过程是一个谈判的过程。

商业世界里的谈判是一种讨价还价，却又不是这么简单，因为它涉及到人情、世情，以及当事人的价值观、心理素质。这就需要我们掌握商业谈判的沟通技巧，重视采用科学的谈判方式达成目标。奥雷利安·科尔松（Aurelien Colson），法国 ESSEC 商学院教授、谈判教学与研究中心主任说："充分、科学的谈判是现实可行的和谐之道。在任何一种冲突中，直接忽略谈判、或者采用非科学的谈判方式，结果都不会乐观。"

生意本身是求和的，在商业交涉中不必颐指气使，而应放下架子，保持平和的心态与人沟通。有了这样的心思，做事也就容易多了。美国的谈判大师荷伯·科恩一次飞往墨西哥城去主持一次谈判研讨会。抵达目的地时，旅馆服务员告诉他已"客满"。此时科恩施展了他的看家本领，找到了旅馆经理问："如果墨西哥总统来了怎么办？你们是否要给他一个房间？"经理答道："是的，先生。"科恩接着说："好吧，总统没有来，所以我就住他那间了。"结果他顺利地住进了"总统套房"，附加条件是总统来了必须立即让出。

谈判不是说我们坐下来，我出一个价，你接受我们就签约，不接受我就提点价，直到你接受为止。这样的说法把谈判过于简单化了。综合来看，商业谈判是让价值最大化的艺术。成功的谈判应该在价值的最大化之后，再进入分配阶段——先共治后分割。为此，在商业交涉中要把握如下几点。

（1）先充分互相理解

"互相理解"是谈判成功的关键之一，也是价值最大化的前提。它既包括理解对方的意图、双方的共识和分歧，也包括理解双方的文化背景。在跨国商业谈判案例中，尤以后者最为重要。理解并不是说我们要同意对方所有的观点。但是我们的确应该搞清楚对方如何运作，从而建立互信、形成良好关系。为了知己知彼，一个很重要的步骤就是弄清楚对方所属的法律环境、利益诉求、发展计划等。

几年前，法国食品业巨头达能与娃哈哈之间展开了一系列合作。但是，在后来的谈判中，这家外企在中国遭遇了滑铁卢。它上法院状告娃哈哈，非但没能让合作继续下去，反而让双方展开了一场旷日持久的争斗。它没有搞清楚一个重要问题，在中国做生意必须维护对方的面子，这样才能迎来好人缘，做成大生意。达能把通过和谈可以解决的问题诉诸法律，让本来有可能成功的谈判也因此触礁。这是缺乏理解的表现。

（2）发言之前先倾听

在商业沟通中，倾听是一项非常重要的技能。遗憾的是，绝大多数人都不具备这一能力，他们在与谈判对手沟通时，只是简单地聆听而非倾听。“聆听”只是做出听的样子，而“倾听”却是包括理解与反馈在内的所有听的过程。倾听，是需要注意力、理解力和记忆力的。

比如，在与客户沟通的时候，倾听能够对客户的行为和偏好产生影响的客户态度，将会为我们提供“一个更为坚实的基础，从而能够制定和实施旨在提高客户忠诚度的各项战略”。具体来说，首先要真心聆听，将身体转向说话的人，点头，微笑，并发出“嗯”的声音，你表现出倾听的动作，问题也就解决了一半。其次，简单复述已经听到的部分，为了避免产生误解，当客户在说话时，除了仔细聆听外，也要简单复述已经听到的部分，以确定没有听错客户的意思。

（3）熟悉“禁忌表”与“备忘录”

在商业交涉中，你要做到知己知彼，才能百战不殆。客户对产品或服务不满意，你前去交涉的时候，首先要搞清楚客户的来头，对方的负责人多大年纪，说话方式如何，等等。明确其中的禁忌，熟悉客户的一系列资料，都有助于你在商业交涉与谈判中有的放矢。另外，如果对方是外国人，那么其商业文化和人文特质就会左右谈判进程，这时候更需要熟悉对方的商业文化差异、生活习俗背景，避免犯低级错误。

在《谈判的艺术》一书中，科尔松教授总结了诸多谈判暗礁，可以为我们提供借鉴。比如，谈判之前缺乏经验分析、坚信强硬就不会落败、迷信竞争性谈判和谈判未开始便想着让步。此外，把谈判实质与关系混淆、坚信解决方案是唯一的、拒绝解释、妄自尊大以及谈判狂也都可能导致谈判失败。所以，成功的谈判者总是在谈判一开始就列出了“禁忌表”与“备忘录”。

（4）重视谈判之外的相关利益方

谈判者本身是某一组织或集团利益的代表，他或者是利益的受益人，或者是委托人。在商业交涉或谈判中，我们不能忽视真正的利益方，以及相关利益方。始终重视与各相关利益主体保持良好的互动与互信，是赢得成功的关键。

一位台湾商人深有感触地说：“在中国做生意，也许保持好与政府及商业合作伙伴的关系是谈判成功的最主要因素。但是在欧洲则需要把这种对于关系与各方利益的思考扩展至更大的范围。他们更重视人的因素。因此企业雇员、工会和社区，方方面面的关系都要顾及到。”

谈判首先是沟通。在复杂的谈判中，无论是利益方、谈判流程还是沟通方式都较普通谈判有着更特殊的要求。在多层级、多主体的谈判中，更要重视利益相关方的诉求。需要明确的一点是，谈判不能解决一切问题，但“一场好的谈判无疑对于各方都是有益的，且这种利益创造是长期的。”

9. 谈情说爱：让幸福手到擒来

【谈判术】

“说话”其实只是技巧而已，“攻心”才是谈情说爱的真正主题。懂得“攻心”，可以在你与恋人之间实现亲密的关系，在夫妻之间维系浓密的情感，让人生更幸福。

“谈恋爱”，简简单单三个字道出了恋爱的关键是“说话”。在谈心中了解对方、展示自己，遇到挫折时进行沟通，维护好双方的关系，这是谈恋爱的要义。换句话说，谈恋爱本身也是一种谈判。不同的是，这种谈判是有关个人幸福的话语术，其核心是俘获人心。

善于谈情说爱的人是幸福的，因为他们通过三言两语感化对方，表明自己的心意，赢得异性的眷顾。男女之情，是人生的主题，也是终身幸福的大事，掌握在恋爱中谈判的技巧，自然让幸福手到擒来。

下面我们总结了谈情说爱中的诸多场景，帮助恋人享受甜蜜的幸福，帮助夫妇共享和谐的生活。最重要的是，你要结合自己的实际情况活学活用，充分展示高超的个人攻心话语术。

(1) 如何与中意的异性沟通

“知己知彼，百战不殆”，恋爱也是如此，你对对方的情况了解得越多，就越容易应对突发事情，恋爱的成功率也就大大增加。碰上中意的异性，别要求对方一开始就成为你的情人。成功地交谈、沟通会使你如愿以偿！

①搭话。与陌生异性，搭上第一句话是相当重要的。首先，要克服自卑感和怯场心理，你可以漫不经心地说一些眼前存在的事实，用声音引起她的注意，一切都要表现得自然。

②一般性聊天。接上话后便可以谈下去，但谈话的内容不要太深

入，仅作一般性的聊天，大多是没话找话。这时，最忌心情紧张或心中有鬼，一旦语无伦次就麻烦了。

③询问阶段。将谈话内容推到一定的深度，从而了解对方思想观点、个人情况、家庭状况等等，但不能刨根问底，要善于察言观色。一旦触及对方忌讳的话题，要学会搪塞、岔开，保持愉快的交谈气氛。

④深入交谈。如果交谈进入全面、深入地了解阶段，并且能相互理解，彼此产生好感，那么，可以将话题转移到试探对方上来，即给对方发出爱的信号。而一旦爱的信号得到了允诺的反馈，那么就意味着你的接触、交谈成功了，恋爱就要开始了。

（2）初次约会的沟通谈判技巧

最重要的是保持一颗平常心，不要急于求成，从一些比较轻松的话题入手，肯定会给对方留下美好的印象。

①先谈些闲话，进而转入正题。然后开门见山、有所修饰地介绍一下，诸如年龄、文化、工作、脾气、嗜好、家庭状况，以至于对未来的向往等等。

②谈些你和对方熟悉的或共同感兴趣的事，对于感情方面的表白，可委婉、曲折些，留有一定的回旋余地。

③交谈的内容，必须注意对方的理解能力、接受能力，不然就难以使对方明白你要讲的意思，甚至引出不必要的歧义。

④如果你认为自己是爱上他（她）了，那么，你可直言不讳地说："我觉得今天与你认识心里很愉快……你呢？"如果双方或一方感到不满意，可以委婉地表示："让我们都慎重地考虑考虑吧……"或者说，"我将征求我父母的意见……"以此作推辞，努力避免不满情绪的流露，保持交往的礼仪，互相尊重。

（3）恋爱发生纠纷时如何谈判沟通

在解决恋爱纠纷时，如果一方能为对方着想，以理智、冷静的态度处置，纠纷就会平息。有许多不太幸运的人在和恋人经过一段时间相处之后，一方或双方感到不适应、不满意，从而出现恋爱挫折，产生出不少矛盾纠纷，甚至激化到相互伤害的地步，给对方带来伤害，给自己也造成遗憾。那么，产生了恋爱纠纷应该怎么办才妥当呢？

①不可意气用事，做出过火行为。恋爱中产生纠纷的男女青年在处理纠纷时，千万要冷静，不可意气用事，做出过火行为。

②处理恋爱纠纷应当以协商处理为主。因为当事双方最熟悉纠纷的原委，只要双方冷静理智，多考虑对方的难处，是不难解决的。同时处理恋爱纠纷时要有诚意。不管恋爱结局如何，都要有解决问题的诚意，切不可因为恋爱不成，便记恨在心，专挑对方的毛病，专门给对方寻找麻烦，制造痛苦。

③抱着严于律己、宽以待人的态度。要解决恋爱纠纷，应多做自我批评，防止加剧感情裂痕，铸成难以收拾的后果。如果双方仍有爱意，旧情难舍，就应该多想想对方平时给自己的关心、爱护和情意，昔日的温情往往能弥补争吵产生的裂缝。一旦双方情意已绝，涉及到中断恋爱关系则必须持慎重态度。

（4）夫妻日常沟通的话术

维持家庭生活的幸福和快乐，最重要的原则之一是：衷心地表示你对家人的赞赏。今天，大多数夫妻双方都要走出家门，寻找机会谋求发展，而用于维护婚姻的精力和时间却越来越少。因此，夫妻之间的沟通谈心越来越显得重要。

常有许多夫妻觉得没话可说，这与谈话的范围过窄、内容过少有直接的关系。实际上，夫妻之间要说的话很多，特别是夫妻之间需要常谈而愿意倾听的话题还是不少的。

（5）鼓励的话

人生大舞台，当你的爱人遇到困难挫折乃至失败时，鼓舞人心的话，是非常重要的，它能使人树立战胜困难的信心，迅速从失败中振作起来。

①感谢的话。当你的爱人为家庭做出贡献或为自己付出劳动时，你应该不失时机地说上几句感谢的话，让对方感受到你心中有数。

②赞扬的话。尤其对妻子来说，天生喜欢被表扬。特别是出自丈夫之口的，妻子明知这是一粒“糖衣炮弹”，但她心甘情愿为你“卖命”，聪明的丈夫都明白：甜言蜜语能“养”人。

③体贴的话。天天为生计奔波劳碌，难免事与愿违，难免力不从心。一旦发现对方不顺心或不适应，要及时说些体贴关怀的话。可使

对方有信心有勇气迎接挑战。

④安慰的话。人人都有心情不好、情绪不安的时候，你如果能察言观色心疼对方，急他（她）所急，想他（她）所想，恰到好处地说一些安慰的话，可使对方心情得到改善，利于身心健康和家庭安乐。

⑤商量的话。夫妻之间贵在相知。因此，大事小事、家事外事，最好遇事多商量，避免风险，减少损失，让对方有“同呼吸、共命运”的感觉。

（6）夫妻争执时的沟通谈判术

恶性争吵能够伤害夫妻之间的感情，而坦诚开放的争吵则是一种很健康的沟通方式。生活中，人们时常会遇到不如意的事情、难以克服的障碍或难以解决的问题。如艰难的攻关、复杂的人际关系、夫妻间偶尔的摩擦、孩子的教育和培养等等，甚至有时会为一件小事而发生夫妻纠纷和矛盾。学会巧妙地处理矛盾与纠纷，是家庭的快乐和幸福不可缺少的。

①做到宽容与退让。夫妻之间的口角都没有根本的利害冲突，许多小事无碍大局，对爱人对自己都应宽容为上。宽容和原谅别人也等于解脱自己。家庭快乐和幸福的信条之一就是“退一步，海阔天空”。

②坦诚认错。其实，导致婚姻关系不融洽的许多因素是生活中的小事，由于双方都不肯让步，最终升至大的争吵。如果夫妻都能主动认错，婚姻生活会更加美满，也就不至于闹翻。

③自我克制，维持大局。当自己遇到不愉快的事情时，不能总是图一时的痛快，向爱人发泄。发泄不良情绪的方法有多种，可以通过散散步、逛逛街或听一场音乐会来解决。

④处事冷静，合理疏导。有时丈夫或妻子在外面碰上不顺心的事，把怨气带回家里，这时，充当听众，让其倾吐为快或回避对方的谈话内容都是理智的处理方式。

⑤重点转移，搁置问题。夫妻之间也应允许多元文化的存在，承认对方对问题的处理方式不同并容忍其存在。这也是存在于夫妻间的对家庭问题求同存异的解决原则。

第二章
读懂人性，谈判常识比专业更重要

谈判面对的是活生生的人，只要有人在就会有不同的性情存在。谈判不止考验一个人掌握了多少谈判技巧，还在于能够读懂人的本性，从人的本能出发，掌控谈判大局！

1. 世故：人生最要紧的是人情

【谈判术】

谈判中有很多的人情是需要注意的，不光是在寒暄中、用餐中，还是磋商合作条件的时候，人情都是一个举足轻重的砝码，运用得当，你会事半功倍。

今天，人与人之间的交往是可以用人情世故来概括的，所谓有人在就有人情，有人情就免不了世故。谈判同样也是人与人之间的交往，自然是少不了人情世故在的。

在许多人看来，谈判就是就事论事，根据合作的内容讨价还价而已。然而，谈判并不是仅此而已，掌握谈判的技巧，在谈判中一举制胜固然重要，但大多时候谈判中的人情，比那些谈判的专业技巧更为重要，更值得我们学习。

很多人在自己处于优势的时候，最容易犯的一个毛病就是不近人情，就好比，在一场谈判中你断定对方会比较容易接受你的条件，那你就不自觉地“硬”起来了，不管对方多么希望你能够退一小步，求得一个于他比较好的结果，可是你就是不给面子，其结果就是你们除了这次合作，后面再合作的机会也就很渺茫了。

我们知道，谈判并不是要赢了对方，所以避免“人情如流水”、“人情如薄纸”、“人情冷似霜”、“人在人情在，人去一场空”的情况存在，不仅会为你争取到这一次的愉快合作，也会为你们今后的良好合作关系打下基础。

很多人都说中国是个人情社会，这确实一点错都没有，要想在人际交往中如鱼得水，懂得世故的前提就是要有人情，没有人情也要建立人情。

就好比，人在求别人的时候，都会讲到看交情、看面子，或者看在以往的关系。可见人情的重要性。在中国要办成事尤其要看面子，盖章要看面子、请客吃饭要看面子、请人帮忙还是看面子。没有面子，真是寸步难行。

在谈判中，有成功者，有失败者；有将生意越做越大者，也有倒闭破产者；有如鱼得水得心应手者，也有勉强支撑者；有人功成名就、春风得意，也有人一事无成、穷困潦倒。究其原因，就是人情世故的原因。

人生来就是有感情的，人与人之间通过交往会建立一种合乎人心的伦理秩序，如果没有人情，你的生活就会很枯燥，很乏味。谈判中也是如此，如果没有人情在，干巴巴地各自说着自己的谈判条件，一个蛋糕交换一个蛋糕，生意做得成做不成我们且不去管，起码生意做的是不愉快的。

美国纽约的迪巴诺面包公司生产的面包质量很好，而且该公司的信誉也好，面包价格适中，深受各地顾客的欢迎，可以说是远近闻名。

然而奇怪的是，该面包公司附近的一家大饭店始终没有向这家公司定过一次面包。经理迪巴诺为了把自己的产品打入这家大饭店，使用了各种促销手段，诸如每天给饭店经理打电话介绍自己生产的面包，每周前往饭店拜访经理，参加饭店组织的各种活动，甚至在这家饭店包了个房间，住在那里谈生意，一直坚持了 4 年多都无济于事，一次一次的推销谈判都以失败而告终。

迪巴诺发誓一定要把自己的面包打入这家大饭店。他意识到问题的关键要找到实现谈判目的的技巧。于是，他一改以前的做法，开始对饭店经理本人关注起来。通过多方的调查了解，他知道了饭店经理的个人爱好和所热衷的事物：饭店经理是美国某一饭店协会的会长，不管协会在什么地点、什么时间开会，他一定前往。

迪巴诺了解了这一情况后，又下了一番工夫对该协会做了较彻底地研究。当他再去拜访饭店经理时，只字不提推销面包的事，而是以饭店协会为话题大谈特谈。这一招果然很灵验，一下子引起了饭店经理的极大兴趣，双方的心理距离拉近了。饭店经理神采飞扬，兴趣浓厚，和迪巴诺谈了35分钟有关协会的事，而且还热忱地请迪巴诺也加入该协会。

几天后，面包公司就接到了这家大饭店采购部门打来的电话，请他把面包的样品和价格表送过去，饭店准备订购该公司的面包。

消息着实让迪巴诺惊喜万分，4年多的努力终于没有白费，饭店的采购人员也好奇地问迪巴诺："我真猜不透你使出什么绝招，让我的老板赏识你呢?"迪巴诺也暗自庆幸自己明智地找到了打动饭店经理的策略。

从这个故事我们不难看出，尽管迪巴诺公司的面包脍炙人口、物美价廉，尽管迪巴诺对饭店经理进行穷追不舍达4年之久，然而他的推销工作却没有任何进展。而当他调整了策略之后，抓住了饭店经理关心和感兴趣的问题，形势便大为改观，进而实现了自己多年来的愿望。因此，在谈判中利用人情的力量是可以促成谈判达成的。

所以，人情只要是合理的，你就不需要担心会给对方留下阿谀奉承的印象，这样的人情能给你带来圆满的结果，何乐而不为呢?

那么，为什么人情具有如此大的魔力呢？因为作为有感情的人类讲究人情是一般的心理习惯，这让大多数人在做人做事的时候都更有人情味，在谈判的时候也不例外，充满人情味的谈判，会对你的谈判对象产生更强大的吸引力和凝聚力。

在谈判中难免会遇到难以搞定的谈判对手或者难以达成一致的条件，这个时候看似是"山重水复疑无路"，实则只要能巧妙地利用人情的力量，"柳暗花明又一村"有什么难的呢?

面对之前完全不熟悉的谈判对手，运用人情却可以瞬间拉近你们之间的距离，使接下来的谈判变得更加顺利。

虽然说你谈判的时候面对的人不尽是大人物，但是如果能够运用请教的态度和口吻与之交谈的话，那么更容易使对方产生受尊重的感觉，对你也自然好感倍增，人际交往也就有了一个很好的开端。

当然，谈判中也难免会有一些客套话，当你的谈判对象对你的相貌、人品等表示赞扬的时候，切记不能表现出理所当然的样子，也万万不能假意否认，最合适的方式就是对对方的肯定和认可表示感谢，这样既不会显得过于浮躁，也不会给对方妄自菲薄的感觉。在接下来的谈判中不仅可以保持清醒的头脑，而且不至于让对方处处提防自己。

如果和你的谈判对象一起用餐的话，一定要注意在饭局上要主动做那个点菜的人，但是有一点要注意的是，点菜的时候要注意询问其喜好，而不是只顾点自己喜欢吃的，忘记了对方的需要。

由此可见，人情买卖做足了会为你的谈判省下不少力气，面子生意会为你带来比谈判生意更多的好处。

2. 客套：懂点儿应酬好沟通

【谈判术】

正所谓，学会客套，求人好办事。客套是一种礼节，一句问候，一个眼神，一个手势，一个点头，一个微笑……都能带给人尊重、关心，可以缩短谈判双方的心理距离、实现感情共鸣。

俗话说得好，礼多人不怪。从来没有听说一个人因为客套招人嫌弃的例子。在人际交往中，客套些，懂点应酬会更容易和客户沟通，生意更好做成。

从谈判中人与人的关系来看，更像是发展人与人之间的关系，使彼此的关系更加靠近，如果你懂得了怎样与人应酬，就会更容易获得对方的信任，顺利地完成自己的谈判目标。

生活中总有一些人是不合群的，他们显得很清高，很独立，然而不可否认的是，独来独往的他们是很孤独的。大部分时候并不是他们自己想要这样的结果，而是因为他们自己不懂得如何应酬人情世故最后落得如此了。

应酬，说到底是人与人交往必备的技能，包括说话、礼节，以及火候的把握、利益的权衡，等等。应酬的艺术，必须以人性需求为基础，把握人们的一般心理诉求。别人听着顺耳、看着顺眼、感觉顺心，才会跟你交朋友，帮你办事，或者开展合作关系。

日本有一所医科学院，学生们要接受“病人应酬学”教育长达六个月。因为在日本做医生，除了应有学识、技术之外，还要有一套对付病人的应酬术，否则他的高深医学和技术就无法发挥出来。

事实上，病人最信赖“好”医生，那么“好”的标准是什么呢？除了过硬的技术，医生应该应酬得法，包括懂得病人过去的病历、家庭的健康状态、最近的病状等，这一切都需要从病人口中得知，都需要医生善于和患者打交道。

一位朋友最近开了一个牙科诊所，里面有三个专科医生，轮流替顾客看牙。三个人就有三种应酬病人的方法。

第一个医生：“什么？这样就不痛，对了，这样就不痛！”他一面说着，一面动手拔去病人的坏牙，病人根本没有感觉到紧张和疼痛。

第二个医生：“很痛吧，我想您还要稍为忍耐一下，好吗？再过一会就好了。”接着，他才拔去病人的坏牙。显然，这位医生是一个“同情者”，病人得到了一些安慰，但是也有一点点恐惧。

第三个医生：根本不和病人说话，他板起脸，病人一坐下，用手一指，他便不由分说，把坏牙拔出。当然，他不会拔错牙，因为牙医的技术十分高明。

从上面这个例子我们不难总结出，顾客对第一个医生的印象比较好，第二位次之，第三位则最不理想了。之所以出现这种情况，是因为第一位医生懂得病人的心理，并善于化解他们的紧张，这就是一种应酬术。

从人性深处来看，人们都喜欢被宠着、被惯着，能够受到他人的高贵礼遇。所以，主动关心病人，担心病人的医生更能受到病人的欢迎。

无论是在商务谈判中，还是谈情说爱，抑或是购物娱乐中，有人会游刃有余，有人就力不从心，前者就是能够很好地把握人的个性，有条不紊地进行沟通。在谈判的人际交往中，会遇到个性迥异的对象，又怎样做到应酬得当呢？

首先，最好能够了解对方一些基本情况。每个人的生活都不是漫无目的的，都有自己的生活愿望、生活观念、思维方式等，在谈判的过程中就要多方面了解到对方的这些情况，做到了解对方的历史和现状，清楚他目前最关心的问题，才能更清晰地计划自己该做什么，不该做什么。

其次，能在谈判中抓住对方的心境。谈判中最忌讳的就是不该自己说话的时候大说特说，该自己说话的时候却缄口不言，失掉了最好的提条件的时机，这就是没能抓住对方的心境，闭着眼睛说话，没有说到点子上去。孔子在《论语》中提到："言未及之而言谓之躁，言及之而不言谓之隐，不见颜色而言谓之盲。"也是这个意思。所以在谈判的时候一定要注意观察对方的心理变化，不能全盘把自己的想法说出来，有时候等一等，绕几个弯也没什么不好。

再者就是我们在前面提到过的，随时为他人着想。只有从对方的角度思考问题，才能更好地了解对方的态度和观点。性格外向的人易于“喜形于色”，应酬的时候你可以侃侃而谈；性格内向的人多半“沉默寡言”，应酬的时候就要委婉表达、循循善诱。

上面这些都说明了与客户打交道是不能少了客套的，虽然大多时候客套的过程中说的都是废话，但是却能在最大程度上拉近你与谈判对象的心理距离，推进后面的进一步沟通。

大多数时候客套就是寒暄，因为谈判双方更多的是初次见面的人，那么谈判的开局客套就尤为重要了。大文豪林语堂说：“中国人求人办事时，像写八股文一样，寒暄和客套是少不了的。如果直截了当地开题，就显得不风雅，如果是生客就更加显得冒昧了。”

那么，在谈判中如何做到寒暄呢？

（1）端正自己的形象

不难发现，很多销售人员在推销产品的时候会带着对客户的歉意，开口就是“对不起，能占用您一点时间吗”，这样的开场白，容易把自己降至较低的那个位置，会让客户对你的产品产生怀疑，为你接下来的谈判设下了一个无形的心理阻碍。

所以，无论推销什么产品，面对的是什么类型的客户，首先要端正自己的形象，在接触客户的第一秒开始，不管是走路、说话、表情还是行动都要表现出自己是一个自信的人，并且要让客户感到你对自己的产品业务很熟悉，也很有信心，打消对方的迟疑。

（2）大胆地和客户沟通

做过销售的人都曾有相似的经历，就是在谈判的过程中不知道客户在讲什么，而且大多时候客户是存在很多顾虑的，很容易出现谈判的冷场。这个时候，你就要做那个大胆的人，主动和客户进行沟通，而提前准备一些问题是再好不过的了。

（3）不忘寒暄，可以贯穿始终

寒暄是我们中国人必不可少的开场白，这里的寒暄并不是随便扯的一些话题，而是尽量把交谈的话题引到客户感兴趣的话题上去，最常用的寒暄话题就是客户的家乡是哪里，有什么风土人情，另外客户的爱好以及业余生活等都可以。

(4) 注重谈判中的礼仪

这里常见的就是交换名片的礼仪。交换名片时，应双手拿着名片，把字的一方朝向客户，以便让客户能看清名片上的内容。接受对方名片时一定要双手接，同时道谢，然后仔细地看一下并读出客户的名字。拿到名片后，不要立即放到名片盒里，而应把名片放在自己桌面上，这样在与客户面谈时，可以直接称呼客户的名字或职位，让客户觉得他确实受到了尊重。

3. 爱好：重视对方的兴趣

【谈判术】

适合别人的需求而达到自己的需求。一个人的兴趣所在，暴露了他大部分的个性、习惯，以及价值追求，以兴趣点为突破口，通过投其所好顺利达成目标，实在是谈判成功的有效手段。

谈判技巧或许会帮你带来好的结果，但过程却未免艰辛，在谈判中更重视对方，让对方有一种自己很重要的感觉，好结果来的比技巧要快。

谈判中如何能和对方建立良好的关系，推进谈判朝着自己理想的方向发展？如果双方的兴趣一致的话，就很容易在情感上产生共鸣，能够迅速消除彼此的隔阂。在这里，我们需要注意的一点就是，要用心挖掘对方的兴趣所在，并且无论你是否和对方拥有同样的兴趣，都要重视对方的兴趣，因为，兴趣往往会是谈判的突破点。

正所谓投其所好，虽然草莓或者乳脂也能帮你钓上鱼来，但是对于钟爱小虫的鱼儿来说，小虫子做诱饵会帮你带来更大的收获。

对此，美国教育学家卡耐基也曾经说过这样的一段话，能让我们更清楚地明白兴趣的重要性：“在去钓鱼的时候，你会选择什么做鱼饵？即使你自己喜欢吃寿司，但是将寿司放在鱼竿前端也钓不起半条鱼。所以，即使你很不情愿，也不得不用鱼喜欢吃的东西来做鱼饵。”就是说，无论你对某个话题、某件事物是否感兴趣，或者你有很多的高见，如果你的谈判对象并不想听，说了也是白说，很可能事倍功半。

在交朋友的过程中重视对方的兴趣显示出尤其重要的作用。不难看出，那些很要好的朋友大多是有着共同兴趣爱好的，购物、音乐、运动等等都可以成为拉近两个人距离的纽带，可见，共同的爱好至关重要。

所以，在谈判的过程中重视对方的兴趣，尽量把对方的兴趣作为你们谈判中经常出现的话题，是一个促使谈判成功不错的选择。

有一位推销员准备拜访一家企业的老板，但是想要见到对方是一件困难的事情，因为如果一开始就引起对方的反感，那就注定要失败了。一个偶然的机会，推销员看到附近杂货店的伙计从老板公馆的小门里走出来，于是他急忙走过去问候。

两个人很快攀谈起来，推销员从伙计那里得知老板的衣服是哪一家洗衣店洗的，并很快找到了那家店铺。在接下来的沟通中，他又确定了这位老板西装的布料、颜色、式样等重要信息。更难得的是，店主还主动提到了老板的领带、皮鞋，以及谈吐与嗜好。这些信息太重要了，推销员喜出望外。

过了一段时间，推销员终于找到一个合适的机会，与这位老板展开了深入的沟通。由于推销员掌握了对方的有效信息，所以沟通起来非常顺畅，取得了良好的预期效果。而这一结果当然离不开推销员重视对方兴趣，并投其所好的策略。

推销员利用对方的兴趣引起了客户的注意，并且争取到了和客户深入沟通的机会，为自己赢得了生意。

一般人都喜欢和别人谈论自己感兴趣的话题，这就需要在谈判中能够尽量找到对方感兴趣的话题，从这方面出发拉近你们之间的距离，让对方产生和你交谈下去的兴趣。

然而，有些时候寻找对方感兴趣的话题并不是一件容易的事情，毕竟在跟对方并不熟悉的情况下，加之每个人的兴趣都有所不同，比如有人很喜欢棒球，有人却连投手、捕手都分不清楚；有人一有时间就会打高尔夫，有人却连铁杆、木杆都不知道；有人对烹饪很感兴趣，有人却连面条也不会煮；有人喜欢旅行，有人却连旅行社哪里找也不知道，等等，人们关心的内容可谓是千差万别。

在谈判中要想运用对方感兴趣的话题说服对方，有一点就是要学会换位思考。

一次，卡耐基租用某家旅馆的大礼堂讲课，但是有一天，他突然接到了旅馆的通知，租金要提高三倍，于是他前去和经理交涉。他说："我接到通知，感到有点震惊，不过这不怪你。如果我是你，我也会这么做的，因为你是旅馆的经理，你的职责就是使旅馆尽可能赢利。"

紧接着，卡耐基为他算了一笔账："如果将礼堂用于办舞会、晚会，当然也会获得不错的利润，但是你撵走了我，也就等于撵走了成千上万有文化的中层管理人员，而他们光顾贵旅馆，是你花钱也买不到的活广告。那么哪样对你来说更有利呢？"最终经理被他说服了。

经理想要赢利，这就是经理最感兴趣的话题，卡耐基正是从经理的角度出发，捕捉到了他最感兴趣的话题，从而成功说服了经理。

那要怎么去发现对方的兴趣呢？除了要换位思考，在谈判过程中，每说到一个话题就要注意对方的表情和反应，以此判断对方是否感兴趣，从不断地更换话题中发现对方的兴趣所在。抓到了对方感兴趣的话题，也就是拿定了这笔交易。

找到对方的兴趣或许并不是什么难事，难的是怎么在交谈中运用兴趣。首先是在找到对方兴趣的前提下，针对该话题准备一些必备的知识，以免在和对方交谈的时候无话可说，让对方感觉是在对牛弹琴，失去了交谈的兴趣。其次就是要让对方切实相信你并不是为了敷衍对方才和他交谈这个话题，你是真的感兴趣。

这是因为，如果你能培养和对方一样的兴趣或者爱好，就能更深刻地了解你的对手，能更深刻地了解对方需要什么。仅仅猜测对方喜好的玄机有时候会在谈话过程中产生失误，最好的方法就是培养和对方一样的爱好，真正地加入到对方的喜好中去，在切实体会其中玄机的前提下，你就可以积极主动地在谈判中掌控整个局面。

然而仅是爱好本身还是不够的，要能在与爱好拉近距离的前提下准确判断对方的心理期待和利益诉求。欧文梅曾说："一个能从别人的观点来看事情，能了解别人心灵活动的人，永远不必为自己的前途担心。"因此，准确把握了对方的需求，我们就能轻易影响别人的思想和判断。

因此，我们可以得出这样一个结论，不论是在商业界、家庭中还是学校里、政坛中，要想在和对方的谈判中占据主动的位置，最好能找准对方的兴趣所在，这往往比谈判技巧更能够震撼对方的心灵。

4. 和气：学会为人又不得罪人

【谈判术】

处理和谈判对象的关系，首先要从对方的角度出发，想对方之所想，以对方容易接受的方式表达自己的观点，不至于得罪对方。

谈判重在“谈”，可是在谈话的时候免不了会得罪人，这就会影响到谈判的效果。

那有些人可能会问，在谈判的时候要采取什么态度最为合适？是要高傲一点呢，还是谦逊一些呢？其实这都没有必要，所谓和气生财，只要和气，平和一点就好了。

要学会为人，最好能学会怎么不得罪人。对于十分骄横的人，若想杀他的锐气，就必须沉重地打击他，使他无法再感到自满。如果他还有一位竞争对象，最好贬低他而称赞其竞争对手，间接指出他的弱点来激发他的上进决心。

这就要求我们在谈判的过程中不能够伤害你的谈判对象，对人对事一定要有自己的原则，不能一味地退让；有一句古语叫做“君子之交决不出恶声”，也就是在这个世界上，与人亲密地交往时，需要诚意待人，但是纵使交恶断绝来往，也不能恶言伤人。

事实上，你不可能喜欢所有人，也无法使所有人都喜欢自己。即使是和自己不喜欢的人相处，要敬敌而不是树敌。而对于喜欢的人就要尽量维护友谊，避免不必要的误会和敌意。

在这个社会上，人是靠彼此地帮助才能够生存下去的，即使是流落荒岛的鲁滨逊也要有一位名叫“星期五”的伙伴，更何况是我们身处在一个竞争这么激烈的社会中呢？因此，与人交往中要保持和气，学会做人，尽量不得罪人，因为得罪人意味着你的生存空间越来越小。谈判中也是如此。

虽然你的谈判交易的圈子可能很大，但是如果你总是不知不觉就得罪人的话，那你的谈判圈子就会越来越小了。当然，你可能会想，失去几个合作对象又怎么样？不至于因为得罪了这几个人就连生意都做不下去了吧。问题或许不至于如此严重，但是有一点你要明确，虽然这个世界很大但是会因为你得罪人过多而显得很小。

试想，你因为疏忽得罪了别人，很有可能连走在路上的时候都会仇人相见，更何况是你的同事、同行。在同行的圈子里如果得罪别人，那延迟见面的时间就会更长，不仅尴尬，也会影响你的业务圈。本来你可以和他合作获利，但是却因为得罪他而失去了这个机会，岂不可惜？

特别是得罪了那些心胸狭窄的人会更麻烦，就算他不马上对你采取报复手段，也会在背后造谣中伤你，为你制造很多不利的舆论，即使开始的时候你是有理的那一方，但是到了那个时候，你就是百口莫辩了。无疑，你的形象在同行圈子中就会急转直下，吃多大亏只有自己知道。

那怎么在和和气气的状态下就把事情解决了，又不至于得罪对方呢？

一位企业主管手下有两名得力的助手，这两人年龄相当，在工作上互相竞争，都很受主管的器重。

其中，A先生对于自己的才能相当自负，经常瞧不起别人，因此他在公司内部的人际关系相当糟糕。这位主管决定用“攻心”的策略来提醒、警告这位部属，以免他日后不可一世。

有一天，这位主管故意不经意地对A先生说：“B先生是个优秀的管理人才，而且人品也相当不错。在这之前我与他在咖啡厅谈了很久，原来他还喜欢看书，也懂得许多事情，他对公司的管理提了许多宝贵意见，我觉得这样的人才确实不可多得。”

不论任何人，当自己的对手被人称赞时，都会觉得别人是在批评自己。

这位主管使用的“攻心术”正是先把那些被对方看不起的人提升到一定的程度，让对方对自己的判断和实际能力产生怀疑，因此他态度转为谦和，工作上也更努力。

试想，如果那位主管说：“你虽然聪明，但与B先生比起来却稍稍逊色。”那么他不但无法帮助A先生改正缺点，还会造成A先生对B先生的怀恨心理，结果非但无法拉近部属之间的关系，反而会使彼此的竞争更剧烈，甚至不择手段、走向某种极端，影响到公司的利益。

从上面的这个例子，我们不难看出，这位主管就是很会为人处世又不得罪人，他以委婉的方式达到了提点A的目的，和和气气就把自己的观点传达到了A那里，不至于得罪任何一方。

我们从这个例子中可以得出，即使你的部属之间有才能上的差异，也不可当面说出，否则，优秀者可能从此目中无人，稍逊者也会因而消极，无法提高工作效率。

假设你是公司的主管，想调一名不受重用的职员到分公司去，如果你直接对他说：“你不适合在总公司工作，还是到基层去吧！”他的内心必定会有被放逐的感觉。

但如果你这样说：“我本来想让你到乙分公司去，但我研究了你的长处，觉得还是甲分公司比较适合你发展；而且乙分公司离你家太远了，上班可能不太方便，所以将你调到甲分公司去。”你的部属不仅会在那里创出一番好成绩，而且还会对你心存感恩。

当下学术界流行的一个流派叫做红学，主要研究方向是《红楼梦》，读过《红楼梦》的人都会对薛宝钗这个人物形象留下深刻的印象。

薛宝钗是一位“罕言寡语、随分从时”的淑女，更是一位“待人接物不亲不疏，不远不近”的世故之人，上至贾母，下至仆人，都对她交口称赞。这里说到的世故并不是贬义词，而是指富于经验的为人之道。在那个复杂的环境下，薛宝钗的世故是并不可少，也是恰到好处的。

她不亲不疏，在人际交往中与他人保持一定的距离，关系太近觉得刻意在套近乎，太远了又显得过于生分，这在谈判的时候尤其如此。对于初次见面的谈判双方最不适合就是过于亲近或者过于疏远，所以“不亲不疏”最好。

宝钗还很会揣摩人的心思，处处给人和气的感觉，从不得罪人。宝钗过生日点戏点菜，她便按照贾母喜爱热闹文戏、爱吃甜烂之食的特点进行安排，做得不露声色。这种“夹缝之中求生存”的处事态度，同样适用谈判中揣摩谈判对象的心思，不至于得罪了对方还不知道。

5. 知难：以无理对无理

【谈判术】

在谈判中，要么同样强硬地对待对方，要么就要曲线解救自己的困境，总之，面对无理的谈判对象，讲理无异于对牛弹琴，相反采用同样无理的方式予以反击反而更能取得实效。

在这个世界上，总有一些不讲道理的自私者或病态者，这些人不会轻易接受别人的想法，然而又想把自己的想法强加给别人，我们在碰到这些无理的人的时候，最好的办法就是以无理对无理。

在谈判中，虽然大部分谈判者都知道，谈判是让对方同意自己的条件是合理的，并且接受自己提出的条件和要求的过程，可是很多人会遇到不讲道理的谈判对象，那遇到这样的谈判对象要怎么应对呢？

所以在谈判之前，无论你会在谈判中处于什么位置，最好提前准备一个无理的要求，以备在对方提出无理条件的时候回击对方，以遏制他在接下来的谈判期间继续提出无理要求。这样对方就会明白在你这里提出这样的条件是愚蠢的选择，也就适可而止了。

另外，在谈判中敢于提出无理条件的谈判者多半是在逼迫你作出让步，这个时候如果你接受对方的要求就掉进了对方为你设计的圈套，一步一步被对方牵着走了。所以，最好能够不听从对方，不作退步，这样就会无形挫败对方的锐气，让他感觉你并没有那么好说话。

在我们的谈判中，会经常遇到不通情理或者不讲情面的人，他们的嘴上功夫一般都是很厉害的，动辄就以咄咄逼人的姿态出现在你面前，经常把你逼得无路可走。这个时候你只顾给他讲道理是行不通的，唯一明智的做法就是同样以强硬的姿态还以颜色。

咄咄逼人的人一般来说都是有备而来的，对自己的要求信心满满的，并自信自己可以达到自己的目的，他们说话的时候都会把目标指向一个方向，不断强调，逼你就范。表面上你是处于被动的地位，但只要你转换角度，也同样可以把对方逼到相同的境地。

许多年前，日本京都市有两个人是邻居。一个是穷鞋匠，一个是渔行的富老板。

渔行老板很善于经营，他从早到晚剖鱼、煮鱼，把鱼串在竹签上，放在火炉上，熏好晒干。

他做的鳗鱼特别好吃，他把鳗鱼浸在酱油里，然后放在油锅里炸，再浇上一些醋。但是他有一个缺点：太吝啬，对谁也不肯赊账。

邻居穷鞋匠非常喜欢吃鳗鱼，但他没有多余的钱买鱼吃。

然而，穷有穷的办法。

一天中午，到了吃饭时间，穷鞋匠走到渔行老板家里，从怀里掏出一块米饼，坐到烧熏鱼的炉子边，一边同鱼老板闲聊，一边贪婪地吸着熏鱼的香味。

这味道多好啊！鞋匠用鱼的香味就着米饼吃，就好像自己嘴里有一块又肥又柔软的鳗鱼一样。

接连好几天，鞋匠都到鱼老板家里来吸熏鱼的香味。

吝啬的鱼老板发觉了鞋匠的计谋，就决定无论如何要收他的钱。

一天早晨，鞋匠正在补鞋子，鱼老板走进鞋匠家，默默地交给他一张纸，上面写着鞋匠到鱼店里去过几次，吸了几次熏鱼的香味。

“先生，这张纸为什么交给我？”鞋匠心中已猜到八九，表面却装作不解地问道。

“为什么？”鱼老板不客气地叫道，“你难道以为每个人都可以随便到我店里来吸熏鱼美味吗？不行的！这种享受必须付钱！”

鞋匠听了，一句话也没说，默默地从口袋里掏出两枚铜币，放在茶杯里，用手掌捂住，开始摇茶杯，铜币发出很响的声音。

过了几分钟，他停止了摇动，把茶杯放在桌子上，笑着对鱼老板说：“听见铜币的声音了吧！现在，我们抵消了债务！”

“怎么抵消？你说什么？你不肯付吗？”

“我已经付给你了。”

“怎么付的？什么时候？”

“刚才！我以铜币的声音付了你熏鱼的香味。你要是以为我鼻子得到的比你耳朵得到的要多，我还可以把这个茶杯再摇几分钟！”

鞋匠说完，就要伸手去拿茶杯。

吝啬的鱼老板深怕一会自己听到的声音比鞋匠吸过的香味还要多，便没等杯子发声音，就急忙掩着耳朵跑回自己的店里去了。

在这个故事里，鞋匠虽然熏了点鱼香，但是并没有对鱼老板造成什么损失，鱼老板提出的所谓赔偿简直就是无理的。对待这样的事情，鞋匠不但没有发飙，而是采取以其人之道还治其人之身，用无理的要求打回对方的无理。

可见，如果在谈判中遇到了用无理要求逼迫你就范的对象的时候，千万不要轻易上当，要有自己的防线，必要的时候，用同样无理的要求来一个反击。

你可能很希望做成一笔生意，这样在心理上就会不自觉出现依赖对方的倾向，你觉得自己是靠着对方才能做成生意的，把生意的成败完全归于对方是不是会配合你。首先你要破除的就是这种心理。没有哪一笔生意是缺了谁就不行的，要始终保持自己的自信，在心理上不依靠对方，才能争取到公平谈判的机会，就不会被对方的无理要求吓退。

保持坚决的态度也同样重要。很多时候，对方敢于提出无理的要求大多是觉得你是好“欺负”的，就嚣张起来了。你需要做的就是打消对方的这种念头，当发现对方有无理倾向的时候，要保持自己的坚决态度，并刻意让对方知道你是不可能轻易屈服的。

另外，你还可以采取提前扼杀的方法，为了防止对方提出过分的请求，在谈判开始的时候就把这扇门关上。你还可以在对方没来得及提条件的时候就奉上自己的要求，这样对方的精力就会放在应付你的问题上面，难以顾及再向你提条件。

当然，也很有可能你会被对方的针锋相对逼得无力反击，特别是一些接连提出的重大问题，你根本没有办法作出一一回答，那到了这样的地步又该怎么办呢？那就要考验你的细心程度。遇到这样情况的时候最好能做到仔细听对方提的要求，在他的谈话中挑拣出漏洞，哪怕是很小的漏洞，再微不足道也无所谓，只要能从这个漏洞顺利牵引出其他问题你就会反败为胜。

谈判因为利益的冲突难免就会有意见的不同，矛盾自然是少不了的，但切不可以把自己自动放于好商量的位置上任人宰割。

6. 借力："顺水推舟"的阻力最小

【谈判术】

顺水推舟就是利用对方的条件为自己服务，避免和对方发生正面的冲突，用对方的观点打败对方。

谈判双方之所以要进行谈判就是因为双方的利益点不一致，没有共同的意见，谈判的目的就是为了达成共赢。你无法阻止对方和你持有不同的看法，看法的不同难免会引发冲突，甚至对方会当面直接向你提出反对的意见，这些都是无可厚非的。

到了谈判的激烈时刻，对方把自己的观点亮出来却和你的大相径庭，这时最好不要立刻毫不客气地进行反击，迫于让对方接受你的观点。那样会让对方产生很强烈的敌对情绪，这种正面的语言交战是不会有好的结果的，容易使双方的关系陷入僵化，使自己失去风度尚且是次要的，合作不成才是关键。

所以，在这时候，你首先就要树立重视对方观点的态度，要表现出对对方的观点很关心的样子，最好让对方觉得他提的问题对你来说很严重。你不能很快就答应对方，要给自己足够的时间研究对方的意见，用这种方法让对方觉得受宠若惊，甚至会感觉事态并没有他想象的那么简单，很有可能不好意思坚持自己的看法。这就是"顺水推舟"的魅力。

所谓顺水推舟就是按照对方的思维模式顺势而为，或者根据对方的核心论点为前提，最后得出一个明显错误或者荒谬的结论。然后再集中精力把自己的观点阐述出来，向对方发起猛烈的进攻。

顺水推舟最妙的地方在于借别人的口或者观点，为自己所利用，不在表面上作出抗衡，而是在认同对方，甚至是赞美对方的语境中给对方出其不意的打击。

让我们通过几个小例子来看看顺水推舟的功力。

某人牙痛，前去医院拔牙。医生技术娴熟，很快就把牙拔掉了。病人虽然觉得医生的技术不错，但是又觉得就是这么一小会儿的工夫就被他赚走了30元，有点耿耿于怀，于是他一边付钱，一边揶揄地对医生说：“你们牙医真会赚钱啊，只用了10秒钟就赚了30元。”

医生并没有直接反驳对方的意思，只是说：“你要是愿意的话，另外一颗牙，我可以慢慢地给你拔。”

病人一听这话，连连说道：“不，不，不，还是请快点给我拔吧！”

很显然，这里的牙医就很巧妙地运用了顺水推舟的方法，面对不满的客人，他并不是正面跟其讲道理，而是顺着对方提出来的10秒钟的话茬接着往下说，答应接下来不会那么快了。这就很轻易地将了对方一军，使自己处于主动的地位了。

有一次，毛拉和几个人在野外行走，突然就传来“咩——咩——”的羊叫声。这几个人不怀好意地对毛拉说：“羊在叫你呢，快去听听，它想要点什么？”

毛拉去了一会儿，回来告诉他们：“羊问我，为什么要和几头野驴出来散步呢？”

顿时这几个人无言以对了。

对于那些人的不怀好意，毛拉并没有马上翻脸，直接和他们对抗，而是顺水推舟借羊的口把对方说成是野驴，给了对方一个措手不及的回击。

一位记者问扎伊总统蒙博托说："你很富有，据说你的财产达到了30亿美元！"

蒙博托听后，发出一阵长时间的哈哈大笑，反问道："你是否还听说过，一位比利时的议员说我有60亿美元！"

记者的提问显然是荒谬的，面对如此荒谬的问题，总统先生并不是怒上心头，和对方理论起来，而是"哈哈大笑"，不仅表现出自己的大度情怀，然后巧妙地过渡："你是否还听说过"，抛给对方一个更加荒谬的反问，让记者顿时觉得自己的失言。这也是顺水推舟的妙用。

我们可以看出，顺水推舟的效果还是蛮不错的。在对方提出不同的观点或者显然荒谬的理论的时候，最好的反击方法不是当面理论，一对一地讲道理，而是迂回地证明对方的观点是不正确的，顺水推舟证明自己的观点才是正确的。

由此可见，顺水推舟的特色就是不做正面的抗衡，而是在迂回曲折的谈话中，顺着对方的话说下去，从而达到了自己的目的，有时还不失幽默。特别是在谈判中出现尴尬情况的时候，顺水推舟更是可以帮助自己解脱困境。

在谈判中，很有可能会遭到对方的顶撞、攻击、挖苦讽刺或者是出言不逊，如果你生气了那就上当了。把对方的话当做一个前提，也就是给自己的观点做一个小小的铺垫，陈述自己的观点。

要使用顺水推舟的方法首先要认清对方的心态，弄清对方的心理状况。对方的心态决定了对方的说话内容和方式。所以在谈判过程中要注意把握对方的心态，弄清楚对方的心理状况，这样才能把握时机，顺水推舟。

比如你可以用这些话把情势转化到于己有利的一面。

对方提出了和你们完全不同的方案时，不要急于否定，不如这样说："虽然我坚持要用我们的方案，但我发觉你们的方案也很有道理，我们也不是全盘否定。"然后以对方的方案为前提，论述自己方案的正确和对方方案的不可行。

因为对方在听到你这句的时候，认为你是在肯定他们的方案，可能也会放弃争论而谦虚地说："老实讲，你们的想法也不错。"正好为你继续你的方案阐述留下了很大的空间。

由于你在之前已经肯定了对方的方案，对方不自觉地就放松了警惕，而接下来你迅速争取主动权，对方也无从反对，因此在新方案中你所掌控的主题和主导权会比对方多一些。

高明的谈判专家绝不会用头去撞墙壁，也就是不会明着和对方对着干，这样只会引起更大的分歧和冲突，而是要选择对自己阻力最小的说话策略，因势利导；让对方发现他们自己的想法有错误，他们必然"知难而退"，你自然可"顺水推舟"攻进他们的"死穴"拿下堡垒。

因此，别忘了，让敌人自己"知难而退"，不花一兵一卒，是最省成本的，在这个方面，"顺水推舟"的阻力也是最小的。

7. 包容：没有人喜欢被怪罪

【谈判术】

随时保持一颗包容一切的心，对于别人犯的错误，不要急着去怪罪，最好能够给对方留有一些面子，也给自己的谈判留下足够的余地。

两个人在一起谈恋爱，最重要的是什么？相信关于这个问题会有千万种回答，然而有一个回答却是大家公认的，那就是包容。

人不可能没有缺点，人也不可能一直都不犯错，恋爱中的人更是因为太过于在乎对方而容易犯错误，这个时候如果彼此能够包容多一点，责怪少一点，相信两个人的感情会愈加持久。

谈判交往也是如此，严格说来，谈判双方的观点没有所谓对错之分，只有更适合自己之分。显然对方的条件一般是于己无利的。那在谈判的时候遇到不同于己的观点的时候是不是就要马上指出对错呢？回答是否定的。

西方人似乎是有很强的“是非观”，对待事情的态度也很分明。中国人则不同，虽然中国人也有“是非”，但是没有“是”，也没有“非”，似乎总是抱着模棱两可的态度，真正的答案不是有，也不是没有，大家常说的一句话是“很难讲”。

其实，这并不是说中国人缺少判断能力，只是抱着既不赞成也不反对的心态来包容一切，是中国人的一大特色。也正是这一特色，为中国人的人情交往添上了一道亮丽的风景。

对某件事情的态度“模棱两可”实际上是一种中国特有的模糊哲学，无论是日常生活还是商业谈判中都充满了变数，对人和事的把握需要用变化的思维来考虑，而不是采取僵硬的方法。这就需要包容。在不确定自己的立场和判断之前，最符合实际的做法就是不随便否定什么观点，特别是谈判的时候不能急着怪罪对方。

心理学家高伯特说过：“人们只在不关痛痒的旧事情上才‘无伤大雅’地认错。”这句话虽然不胜幽默，但却是事实。由此，也可以证明：愿意承认错误的人是少的——这就是人的本性。有人犯了错，你在施以惩罚的时候，一定拿捏好分寸，大棒加胡萝卜才是有效的方法。人性其实都是脆弱的，易被击垮但也易抚平，关键在于你的一两句话，可以起到平衡心理的作用。因此，即使怪罪，也要注意善后。

中国有句古话说得好，“水至清则无鱼，人至察则无徒。”意思是，湖水太清澈了，就没有鱼儿可以栖身了，因为那会变得非常不安全。同样的道理，对人体察得太清楚，就不容易和对方建立信任关系了，因为人失去了栖身的环境。最好能够装得糊涂一点，包容对方的些许错误和意见，这样不仅能给对方留下腾挪的余地，也能为自己留有余地，避免彼此关系的紧张。

这样的处事习惯就会养成包容一切的态度，而不会轻易责怪别人，给别人留足面子。

历史上，宋太宗是一个气度恢弘的人，他能够容忍大臣的一些过失，所以实现了有效的国家治理。孔守正被封为殿前虞侯，有一次他和大臣王荣陪伴皇上喝酒。两个人喝得大醉，就当着宋太宗的面争论秋季守卫边境的功劳，结果完全失去了君臣的礼仪。在当时，这种行为是“大不敬罪”，按照法律应该交有关部门治罪，但是宋太宗没有这么做。

第二天，孔守正和王荣清醒过来，听别人说起自己在皇帝面前的失礼行为，吓得出了一身冷汗。于是两个人一起到金殿上向宋太宗请罪，但是宋太宗若无其事地说：“我当时也喝多了，有许多事情根本记不起来了，你们不用在这里打扰我了。”就这样，宋太宗糊里糊涂地化解了一场不必要的误会。

从这个例子里不难看出宋太宗包容臣下错误的气度，化解了误会，避免了争执。所以在做事的时候，明确目标固然是很重要的，但是，牵扯到人的关系的问题就复杂起来，需要讲求策略才能把事情处理得圆满。当一些东西不能明言的时候，把握糊涂处事、包容一切的要义就很有必要了。

所以在同人交往的时候，说话还有办事都要符合人们容易接受的规律，这样谈话才能进行得更顺利。比如，谈判对方遇到了尴尬的情境，最好能假装不在意，不能故意去责怪对方，使整个谈判的气氛变得更尴尬。这样对方感受到了你的关爱，心情舒畅，也就比较容易进行下面的谈判了。

其实，包容并不是容易做到的事情，因为怪罪别人是受到我们情绪支配的下意识的行为，当他人做错了事的时候，我们倾向于让对方认识到，让对方觉得对不起我们，或者应该进行道歉，这个时候我们往往习惯于怪罪别人。

然而，怪罪人却是一件费力不讨好的事。不妨想想自己被别人怪罪的场景，还有自己当时的心理感受。怪罪的双方，无论对与错，怪罪人的那一方都会把责任推到对方头上，双方斗气，矛盾越来越激烈，结果于事无补，两败俱伤。

对方应该做到的事情没有做到，再怪罪也是没有用的。很多事情，虽然尽力了，但也不见得能够做好，所以只要当事人全力去做了，就足够了。许多时候，由于能力有限、时机不对，以及其他更复杂、不可控的原因，事情没有办好，那么你应该查找其中的原因，在以后的执行中改进，而不是劈头盖脸一番怪罪。

谈判的双方由于实力的悬殊和利益的诉求不同，所以在谈判前的准备工作必然有差异，如果谈判过程中遇到由于对方办事不力导致的谈判困难，只是不问青红皂白怪罪人，只会让人干脆放弃他们的责任，甚至走到我们的对立面。这样我们亏得更多了，可能全部亏了。

因此，当事情已经发生的时候，局面不会因为你的怪罪而再度变好。你要知道，不怪罪人，人情还在；怪罪人，连人情也不在了，事情仍然是原来那样，甚至比原来更糟。

对于已经发生的糟糕的事情，最好就别放在心上。因为已经无法追回，不是发下脾气就能改变的。相反，如果你责备人，怪罪人，不仅让他人继续感觉不好，也让我们郁结难抒。这样一来，大家纠缠在相互埋怨之中，必然干扰谈判的局势。

所以，在谈判中，如果你准备怪罪他人的时候，一定要想想谈判的大局，这样更有助于你变得理性，从长远的角度决定眼前的进退策略。

8. 守拙：不要表现得比别人更聪明

【谈判术】

大智若愚并不是真的愚，守拙并不是真的拙，让对方感受到自己的高人一筹并不是什么坏事，更利于自己隐藏实力，规划自己的策略。

所谓大智若愚，就是在别人面前最好能够表现得愚蠢一点，然而这种愚蠢并不是真正的愚蠢。你的愚蠢正好能够映衬出对方的聪明，谁都不想承认自己是笨的那个，所以在谈判的时候不表现得比别人更加聪明，会让对方心情愉悦或者放松警惕，谈判也相对容易一些。

人人都有攀比心理，关键是，你不要凸显自己高人一筹的聪明，而要把光彩让给别人，才能换来别人对你的认同、支持和帮助。一舍一得，其实这样的选择并不难。

在社会交往中，有些人是自认为很聪明的，这些人一般是不喜欢听取别人的意见，心目中只有自己而且还自以为比别人高明，事事要占上风，好出风头。对这样的人，你要明白一点，即使你有再大的本事，见识比别人高明，这样做也是绝对不允许的，因为这样只会惹祸上身。

美国南北战争时期，有一位名叫高尔顿的将军，很有军事才干，可是他毫无城府，爱放大炮，不但使上司颇为难堪，自己也失去了不少人缘，被同事们称为“军队内部的战争贩子”。

有一年，高尔顿到斯科菲尔德军营观看演习，他对这次演习非常不满，就直接向指挥官递交了一份措辞激烈的意见书。他的这种做法是纪律所不允许的，因为他只是一名少将，无权指责一名中将指挥官。这样一来，他便招致了上司的非议和怨恨。

但高尔顿并未吸取教训。第二年，在观看了一场战术演习后，他又一次递交意见书指责指挥官和其他人员训练无素，准备不足，没有达到预定的目的。虽然这次他很明智地请副官代替自己签了名，但其他军官心里很清楚，知道这又是他搞的鬼，所以联合起来一致声讨他。

众怒难犯，司令官没有办法，只好把这位爱放大炮的高尔顿从少将的位置上撤下来。就这样，本来很有前途的一位军事才俊中断了自己的美好前程。

很显然，高尔顿并没有意识到自认聪明是多么严重的缺点，没能守拙，却处处要表现出自己比别人的高明之处，导致了自己的前程的断送。

在人际交往中要时刻提醒自己不能表现得太冒尖儿，越平常越好。比如，你的同事帮助你出点子、献策略，你如果不能立刻表示赞成，或者自己的方法显然比他出得好，那最起码也要表示可以考虑考虑。这时候，千万不要提出反驳意见。因为你的反对很可能让对方觉得自己是多余的、愚蠢的，很有可能影响到你们今后的关系。

又比如，你和朋友一起聊天儿，无论谈论什么，你都不可太执拗；否则，很容易把一切有趣的事情变成乏味可陈。其实，即使对方真的有不妥之处，你也应该淡定一些，别在一些无关痛痒的是非问题上大动肝火。

无论是在日常生活中还是在谈判中，人都是喜欢被恭维，这是人性的弱点。如果你处处表现得很聪明、很能干，总是有意无意地强调自己胜过他人，只是逞一时之快罢了，最终会招来嫉妒和怨恨，甚至会影响谈判的成功。

要做到善于守拙就是要善于隐藏自己的真实实力，在这个前提下不仅会让对方暴露无遗，尽情发挥，给予对方足够自我炫耀的空间，造成对方情绪上的亢奋和骄傲，这样反而更容易使对方接受自己的观点，达成谈判效果。那么，要怎么做到守拙呢？

首先，要懂得隐藏自己的锋芒。你也许在某个方面很出众，也很有见地，但是如果不懂得收敛的话，就很难立足了，很容易给自己带来负面的影响。在适当的时间和地点，适当地展露锋芒是正常的、可以的，但是在谈判的时候就要学会认清形势了。

谈判的时候尤其要学会隐藏自己的锋芒，每个谈判对象都不想对方是比自己还要精明的人，这个时候你表现得知晓山外有山、人外有人的道理就很识趣了。隐藏自己的实力，不得罪谈判对象，并在暗中观察对方的实力，为自己进一步争取于己有利的条件。

其次，我们要学会允许不同意见的存在。之所以要进行谈判，归根结底还是双方的利益诉求点是不同的，有分歧才有商讨。因此彼此的观点必然是不一致的，甚至是完全不一致的。这都不会影响到双方的合作，只要我们谈判过程中抱有允许对方持有不同的意见。

如果你一上来就把对方的所有观点和条件全部毙掉的话，除了让对方认为你是个很精明和强势的人，不会为你的谈判带来任何益处。你的过于精明的表现，会让对方觉得跟你合作是很难有利可图的，自然不会跟你全心交流。

倒不如，给对方充分的表达自己的机会，自己静听其条件，这样对方会自认为很聪明，你是不会提相反意见的，殊不知，你这样做的目的就是在于让对方和盘托出，你只待机会一剑封喉。

在这个世界上，聪明的人很多，商场中的精英更是比比皆是，所谓“天外有天，山外有山”就是这个道理。聪明，并不是一件坏事，但是处处显露自己的聪明，就是愚蠢行为了。当你表现得比别人更聪明时，就是在给对方贴上愚蠢的标签，怎能不招来嫉恨、谩骂呢？

人普遍的会有一种希望自己是中心的心理，这和人的素质还有品德修养是没有关系的，这是人的本性使然。如果在谈判的过程中能够很好地利用人的这种心理，处处、时时让对方感觉自己是最聪明的那个，而你就在这个过程中隐藏自己的真实实力，很容易就会让对方放松对你的警戒，你的步步为营就更加好实现了。

所以，大智若愚，应该成为你的行动准则。不过，在守拙的过程中也要注意不能装得太过分。假如是很常识的东西，为了显示对方的聪明，故意显得不知道，不仅不会让对方产生心理上的优越感，还会让对方怀疑你的合作诚意，重新考虑是不是要跟你合作。

9. 底线：别突破对方的心理防线

【谈判术】

每个人都有自己的行事原则，也有绝不允许别人触碰的防线，谈判的时候要认真找到这个防线并且帮助对方一起保护它。

在人际交往中，我们发现人的忍耐都是有限度的，换句话说就是，人都是有底线的，底线是一个原则问题，而在谈判中如果打破了对方的心理防线，会很容易引起对方的疯狂反击，影响谈判的和平局势。

比如，公司总裁、主管、董事，以及政治人物等，最重要的莫过于保护外在形象。对他们来说，自我防卫系统是牢不可破的。与这些人交往，你要多说正面而肯定的评语，才容易被接受。

谈判双方处在不同的位置上都有自己的利益诉求，对人与事都有某种期望，这就是当事人的心理底线。这个底线是双方坐下来谈判合作的最低的前提条件。突破了这个底线，对方会觉得已经没有和你合作的必要了，那要达成你之前的谈判目标，可谓就是难上加难了。

曹操派人建造了一座花园，完工后亲自去察看。工匠等待曹操的意见，但是他只在门上写了一个“活”字，就离开了。

大家不明白其中的深意，就问杨修。杨修解释说，“门”里面添一个“活”字就成了“阔”字，这分明是嫌门太大了。于是，工匠们马上进行改造，果然赢得了曹操的赞许。

后来，曹操带领兵马和刘备在汉中交战，一时间陷入进退维谷的境地。这天晚上，曹操正在喝鸡汤，看到碗里鸡肋，发出一阵感叹。这时夏侯惇进来请示夜间的口令，曹操就随口说：“鸡肋。”

夏侯惇不明白其中的意思，就请教杨修。杨修连忙解释说：“鸡肋者，食之无肉，弃之有味。现在我们进不能胜，退又会遭到他人耻笑，所以不如早点回去，魏王是想班师回朝啊。”夏侯惇听了，满意地点头，一时间大家都收拾东西准备回家。

曹操看到这种情形十分吃惊，当他听说这是杨修的主意时勃然大怒，于是下令把杨修斩首。

在上面的故事中，才华横溢的杨修处处招摇，早就引起了曹操的猜忌。如果说，杨修猜中了“阔”字的含义，还能让曹操忍受；那么，参透“鸡肋”的玄机，并散布退兵的言论，就犯大忌了。因为，这是军事斗争，关系到曹军的生死存亡。曹操固然有退兵的打算，然而毕竟只是内心的犹豫；杨修竟然自作聪明，告诉夏侯惇收拾行囊，这是在扰乱军心，一下子撞到了曹操的枪口上，所以杨修被杀也就丝毫不奇怪了。

这个故事提醒我们，在处置各种关系的时候，都要拿捏好分寸，对各种情势有准确的判断，千万别哪壶不开提哪壶，一旦触到了对方的防线，就要吃大亏了。

人尽管有共性，比如食色性也，但恰恰是个性，才决定人与人的不同。而恰恰也是个性，才决定了每个人的底线很特殊。换句话说，底线有原则，没标准。我们要把握的是，掌握人们的一般心理认同感，并了解对方的职业特色、价值理念，从而有针对性地明确对方的心理防线，并努力做到不超过这个界限。

许多公司都存在拿回扣的问题，这显然是从老板兜里偷钱，一旦过分了必然招来老板的干涉。比如，许多食堂采购员都暗中做手脚，老板大多睁一只眼闭一只眼。为什么不揭穿这些吃里爬外的采购员呢？一位老板的回答很有代表性，他说："水至清则无鱼。蔬菜副食价钱每天都变，质量千差万别，供应商都是个体户，监管成本一定高过回扣。因此，只要当事者能在预算内做出员工满意的饭就行了。"也就是说，你适当吃回扣是可以的，但是别过分。

功劳太大的人，威胁到老板的安全，必然被削权，甚至是夺权。因此，功高震主的关键在于，你是不是能把老板颠覆了。许多时候，公司骨干都有一批自己人，他们的利益得不到保证的时候，大多会集体出走，带走重要的业务关系，这是老板最忌讳的事情。所以，我们看到，许多老板都会做出权力制衡的举措，防止中层管理人员跳槽带来的伤害，这就是防备功高震主的努力。

老板们有自己的心理底线，不同角色、不同位置上的人，也是如此。谈判中与有底线的人打交道的时候，你要猜透对方的心思，明白他们的利益在哪里，他们的禁忌是什么，在此基础上行事才容易成功。如果无视对方的心理防线，就容易招致麻烦，甚至让你寸步难行。

那要怎么做到不触及对方的底线，导致功亏一篑呢？

首先，要以平和的态度进行谈判，不要在谈判的时候表现得过于咄咄逼人，因为在没有把握对方心理特点的时候最好不要贸然使用自己的谈判策略。最好能够诱导对方说出自己的要求，这样我们就能在对话中抓住对方的禁忌和期许，在接下来的谈判中更容易避开对方的禁忌，把自己的条件尽量向对方靠拢，争取合作的可能性。

其次，委婉地表达自己的意愿。谈判的双方正是因为利益的不同才坐到一个谈判桌前谈判，但是为了不打破对方的心理防线，最好能够做到委婉表达自己。委婉的表达听起来不会过于生硬，也会让对方少些防备，多些和善。最好能够在谈判过程中始终保持自己的谦虚态度，给对方留下一个好的印象，愿意把自己的要求全部告诉你。

再次，如果一不小心碰到了地雷，触及到了对方无法原谅的原则问题的话，要在第一时间道歉，争取对方的原谅，化解尴尬的气氛。这样做的好处是，让对方相信你的冒犯纯属无心之失，让对方感受到你的诚意的同时，更愿意和敢于承认错误的人合作。

最后，无论是进行怎么性质的谈判，最好在谈判开始前给自己打一个预防针，使不突破对方心理底线成为自己的谈判习惯。

第三章
摸透意图，成功的谈判从倾听开始

只有说没有听就没有交流，没有交流就没有合作，谈判里第一位重要的不是说，因为谈判不是考验口才的演讲课，而是听，只有通过倾听你才会掌握尽可能多的信息。

1. 知己知彼，百战不殆

【谈判术】

保持良好的精神状态和客观的态度，尽量选择熟悉的环境，在谈判中随机应变，去抓住与对方有关的一切信息，做到知己知彼。

谈判，要想成功，必须能够做到知己知彼，而怎样知彼的关键是倾听谈判对手的弦外之音，摸清楚谈判对手的意图，才好对症下药，百战不殆。

那么，何为“知己知彼，百战不殆”？

《孙子兵法》上有一句话：“知彼知己，百战不殆；不知彼而知己，一胜一负；不知彼不知己，每战必殆。”意思是，既了解敌人，又了解自己，就会百战百胜；不了解敌人，而只了解自己，胜败的可能各半；既不了解敌人，也不了解自己，那就每战必败了。

了解自己容易，要想充分了解别人就不是那么容易的事情了，这时候需要做的就是要在谈判中倾听对方的需求，在倾听中做了解。

只有对谈判对手有了充分的了解，才能够制定相应的谈判计划，实施正确的谈判策略，取得预期的谈判目的。这就是谈判中“知己知彼、百战不殆”的智慧。

比如，谈恋爱的时候，你要知道对方喜欢什么类型的恋人，对性格、身高等有什么偏好，然后再去接触、去沟通，就容易得手了。性格比较冲动的人，在恋爱过程中很容易被对方的外表和甜蜜的言辞所迷惑，这样的情况下难免会盲目地投入到恋情中，这样的结果往往是得不到好的结果。所以，在交往之前就需要先充分了解这个人再做判断。

知己知彼，归根结底就是要清除对方的心理忧虑，掌握对方的心理，让别人放心地和你交往。知己知彼在人际交往中尤其重要。而最能反映这种心理策略重要性的活动，莫过于商业谈判。

相反，不知彼，只知己，却常常影响谈判效果，甚至使谈判失败。

有一位经营教材出版的商人，正在寻找长期合作的印刷厂来印刷教材和参考书等。在电话中，这位商人特意和印刷厂的工作人员提到了自己是经营教材出版的，希望能在见面的时候看到该印刷厂的教材样品书。

然而不幸的是，这位印刷厂的工作人员在电话沟通的时候没有好好倾听这位商人的需要，见面的时候非但没有把教材样品书带来，却带来了很多的化妆品、各式杂志、产品包装。等样纸，唯独不见教材。

此外，业务员还不断强调他们印刷厂在印刷市场的丰富的经验，甚至于他本人从部队退伍后就从事这个行业的细小事情都提到了。这让提前打电话进行过沟通的出版商人异常郁闷，不难预测，这次的生意没有做成。

这位印刷厂的业务人员就是犯了一个谈判中致命的错误，没有倾听，也就没有做到知己知彼。他连客户是什么样的需求都没有搞清楚，反而事无巨细向客户介绍自己印刷厂的全部业务，最后生意黄了也是情理之中的。

可见，在谈判中表现能力的不是谁能够滔滔不绝地说话，你叽里呱啦说了一大堆，如果不知道对方的需求，还是不能达到谈判的终极目的。

所以要做到知己知彼，首先要学会的就是倾听对方的需求，而在摸清对方情况的倾听过程中，也有几点是值得注意的：

1. 全神贯注倾听，在倾听中抓取有用信息

在谈判的过程中，倾听对方讲话一定要全神贯注，充分调配自己的经验和感情，让自己的大脑处于紧张的状态，只有这样，才能在倾

听中摸清谈判对手的观点，及时作出反应，并快速制定应对策略。

2. 保持客观的态度

谈判之前的准备工作往往使你在进入谈判角色前就对谈判有了一个心理预期，如果谈判的进行与你的预期不符，很容易导致自己接受新信息时候的态度，从而也会影响自己的判断。因此，要想真正做到知己知彼，还要有一个客观的心态，这样才能将对方的谈话意思听完全，听透彻。

3. 选择熟悉的环境

所谓熟悉的环境，实际上就是有利于自己取得谈判成功的环境，只有在一个熟悉而舒适的环境中，才能更好地将自己的精力放于谈判上面，这样不仅会增强自己的谈判信心，还会在无形中提高自己的谈判实力。

4. 注意自己的礼仪

谈判虽然是双方的博弈，但是博弈并不代表着绝对的敌对，也不代表可以表现得不尊重对方，基本的礼仪还是要做到的，特别是不能表现出对对方的轻视和不屑，因为这种行为往往影响到你判断对方提供信息的真伪，也就不会真正做到知己知彼。

5. 随机应变

做到这一点并不容易，因为谈判中往往会涉及很多专业术语，有些问题也许是你所不了解的，这个时候就要做到随机应变，用心体会对方提到专业问题的真实用意。为了避免谈判中类似的尴尬，谈判前的准备工作是不得不做的，在平时就应该多加锻炼，多加思考，培养自己遇问题不凌乱、不慌张的能力。

2. 90%的信息靠耳朵获取

【谈判术】

人长一张嘴两个耳朵，就是为了让我们多听少说，在谈判的时候用心听就会获得你想象不到的、更多的信息，为你的谈判添砖加瓦。

谈判，顾名思义就是谈，但是在谈判中最重要的却不是谈，而是听。你是不是觉得很奇怪？谈判不就是把自己的需要告知对方，然后在此基础上你来我往，达到自己的目的吗？

没错，是要谈，但首先需要做的却是听，因为人们感知这个世界，虽然首先靠眼睛看，但是在谈判中，如果没有耳朵，谈判是无法正常进行的。

无论是家庭关系、孩子教育、男女交往、商业谈判还是市场营销，没有耳朵的倾听，都是无法正常运行的。

试想，夫妻不彼此倾听对方的需要和感受，怎样形成和谐的家庭环境？父母不倾听孩子的心声，怎么知道孩子的兴趣所在？男友不倾听自己女朋友的“牢骚”，怎么培养更亲密的感情？商家不倾听客户的需要，怎么完成每一笔交易？销售人员不倾听顾客的需要，怎么推销出去自己的商品？

可见，在无处不在的谈判中，倾听必不可少，耳朵的作用不可小觑。

正所谓说得越多，你知道的就会越少，因为，在讲话的过程中，你会专注于自己大脑的讲话思路，这样，给对方的时间就会相对较短，结果就是，你得到的谈判对象的信息是很少的，这样的谈判就失去了针对性，谈判目标的实现更是无从谈起了。

很多时候，用耳朵倾听更能让人得到意外的收获，下面的这个小故事肯定能给你一点启示。

法兰克是一名人寿保险推销员，在一次横跨美国的演讲后，使得他在圈内的影响力大大增加。演讲结束后，他马上又投入到人寿保险推销的工作当中，当然也不忘向人们讲述自己的演讲经历。

不久后，他见到费城牛奶公司的总裁，刚见面，这位总裁就询问法兰克巡回演讲的事情，法兰克很明白自己的目的，是为了向这位总裁推销自己的保险，于是主动把话题转到了客户的生意上："当然可以，不过很久不见，我倒想知道你的近况。怎么样，生意还红火吧?家庭都还好吧?"接下来，这位总裁滔滔不绝地讲起了自己的生意和家庭，法兰克也听得很认真，并且不时地作出回应。外人看来，这两个人更像是在聊天，不像是在谈生意。

面谈结束后，这位总裁把法兰克送到门口，看似不经意地说："法兰克，我想为我工厂的管理人员投保险，你说28000美元够不够?"我们不难看出，在整个面谈的过程中，法兰克几乎没说几句话，完全在听客户"闲聊"，他没想到的是最终得到了一份订单。

其实这其中的道理很简单，那就是告诉我们——要倾听。因为，生活中90%的信息来源于耳朵。谈判过程中更是如此。谈判更多的是一种沟通，而沟通中没有耐心的倾听是无法实现的。试想，谈判双方都拼命地想把自己的话讲出来，完全不理会对方的感受和需求，那达成最后的交易几乎是不可能的。

没有"你来"，只有"我往"，是无法实现共赢的，唯有"你来我往"才能获得丰厚的回报。

在我们生活的这个社会中，有各式各样的人，有人聒噪爱说话，有人安静善倾听。如果你有一肚子的话，你是想和一个聒噪的人说，还是选择一个安静的人呢？毫无疑问，当然是后者。

谈判也是如此，善于运用耳朵，不仅容易在谈判中获得对方的信任，同时也能获得很多信息，帮助你完成自己的谈判目的。这是因为，在倾听的过程中，对方会被你的热心和耐心打动，往往不由自主地多说，这样，获得更多的，更有价值的信息也就不是什么难事了。

比如在推销工作中，一般推销人员往往上来就是给客户介绍自己的产品如何如何好，优点有多少，多么受客户欢迎，但却很少真心用耳朵去交换客户的信息，这样的结果往往是弄不清楚客户的需要。急着把自己的东西卖出去，却往往热脸贴了冷屁股，到头来，还不知道自己错在哪里，下一次还是同样的销售方法，最后还是同样的结果。

所以，销售人员首先要摸清的就是客户的需求，然后才能更有针对性地满足不同客户的需要，这样的销售员才称得上是合格的推销员。实际上，就是首先把自己推销出去，让客户放心把自己“交给”你。

正所谓“雄辩之中有艺术，沉默中也有。”两千多年前的古罗马政治家西塞罗如是说，如果你能在生活中经常做一个倾听者，并且学会在倾听中抓住有用的信息，相信谈判对你也就不是什么难事了。

3．在对话中掌握客户的个性

【谈判术】

听客户的弦外之音，注意客户的语态以及口头语，实际上都是为了掌握客户的个性，做到知己知彼，方能在谈判中百战百胜。

谈判的过程实际上是与谈判对象交往的过程，也正是在这个过程中，我们可以通过对方的谈吐、表情等细节掌握其个性，进而采取有效的策略取得谈判的成功。

那么在与客户的谈话中，怎样抓住客户的个性呢？

首先，要学会“听”音，特别是能够听出对方的弦外之音。从客户的只言片语中听出客户内心的真实想法，才能明确其个性心理特征，进而有的放矢地跟对方沟通。

那么，怎样才能听出对方的弦外之音呢？其实这和我们平时说的正话反话是相似的。举一个常见的例子，在热恋中的男女，如果女方对男方说“你讨厌死了”，“你坏透了……”之类的话，其弦外之音实际上是在说“我爱你”。这显然是女孩子的害羞天性所致。

而在商务谈判中，也不乏弦外之音，这些弦外之音都能透露出客户的个性，听得出这些弦外之音，也就把握住了客户的心理特征。

例如在谈判中，对方一再强调“我忙得不可开交”那就可以分为两种情况：

第一种是假如这个时候你正有求于他，他说这句话是在告诉你“不好意思，我帮不上你”，实际上他是拒绝你的。如果你迫切想要得到他的帮助，最好能做出一些牺牲，让他得到一些好处。

第二种是假如这是普通对话中出现的话，那实际上这个人是想表示自己的重要性，有意流露出自己很忙的意思。如果你能在这个时候恭维他几句，相信谈判会进行得更加顺利。

可见，听得出客户的弦外之音可以帮你了解客户的心理特征，把握客户的性格特点，为接下来的谈判做准备。

其次，还要学会在交谈过程中观察客户的语态，因为语态可以反映出一个人的性格。抓住了客户的性格，谈话就容易开展了。

比如，喜欢用恭敬用语的客户一般对人有很好的洞察力，往往能对别人投其所好，那么在谈判的时候就要谨防他给你设下的语言陷阱了；而说话比较简洁的客户，能清晰表达自己的需要，这样在谈判中能很快知道他们需要什么；而说话拖拉的客户，通常喜欢和别人辩论，你要做的就是牢记千万不要走进他无休止的讨论中，要把话说到点子上。

最后，还有一个口头语的问题。口头语也是掌握客户个性的一个重要信号，因为口头语更能反映一个人内心的真实情况。口头语往往是逃过了意识的警觉，脱口而出的话，也正因为如此，我们才能看到口头语后面深藏的潜意识。对销售人员来说，它们是打开客户心门的一把钥匙。

那在谈判中，客户经常使用的口头语有哪些呢？这些口头语分别代表怎样的心境和性格特点呢？下面我们逐一进行介绍：

（1）经常使用“我个人的想法是……”、“是不是……”、“能不能……”之类词汇的人，较和蔼亲切，能做到客观理智，冷静地思考。面对谦逊的客户，你也要表现出这种淡定，让对方感受到你的可亲可敬。

（2）经常使用流行词汇的人，热衷于随大流，喜欢浮夸，缺少个人主见和独立性。你可以使用一些流行、前沿的概念，让他们感受到你见多识广、专业性的一面。

（3）经常使用“确实如此”的人，大多浅薄无知，自己却浑然不觉，还常常自以为是。这时候，你要表现出自己专业、博学的一面，展开销售攻势，在滔滔不绝地说服中拿下订单。

（4）经常使用“绝对”这个词语的人，武断的性格显而易见，他们不是太缺乏自知之明，就是自知之明太强烈了。面对这类客户，你要让他们说出自己的条件、要求，而后再表明自己的立场。

（5）经常使用“这个……”、“那个……”、“啊……”的人，说话办事都比较小心谨慎，一般情况下不会招惹是非，是个好好先生。在沟通中，跟这类客户交谈一定要使用模糊的词语，并且不要逼他们表态。

（6）经常使用“其实”的人，自我表现欲望强烈，希望能引起别人的注意。你可以对这类客户多几句赞美，让他们感受到你的热情。

（7）经常使用“我……”之类词汇的人，寻找各种机会强调自己，以引起他人的注意。在沟通中，要给他们机会发表个人意见，并仔细倾听，让他们有被重视的感觉。

4. 判断对方是否有决定权

【谈判术】

判断客户是否具有决定权也是在谈话中“听”出来的，时刻注意对方的回答和态度，多思考，看准谁手握决定权，才好有的放矢。

谈判的成功在于，选择的谈判对象是正确的，如果连谈判对象都搞错了，谈判成功从何而来呢？那么，如何在谈判的第一个环节就保证自己的谈判不会白费呢？很显然，那就是要选择有决定权的谈判对象。这里说的决定权并不是有钱人，所谓决定权，是指那些能够做出“是”与“否”的决定的人。

比如很多公司会帮员工找房，只要在公司允许的范围内，付钱的是公司，然而决定权却在员工。为什么？因为最后决定要不要租的那个人是员工，换句话说就是，决定权在员工手里。

所以，搞定谁有决定权，然后集中精力说服他，比说服其他不相干人等有用一百倍。

那么，在这里，就有一个怎么判断一个人是否有决定权的问题。谈判中少不了谈话，主动问一些带有目的性的问题，从客户的回答中抓取蛛丝马迹，就可以发现谁有决策大权了。

要想快速判断谈判对象是否具有决定权，你可以在谈判中时常问对方：“他们通常都会听从您的推荐，是吗？”

一般这样的问题会有两种回答，一种回答是“YES”，一种回答是“NO”。如果对方回答是的话，很显然他是有决定权的，那么你接下来的谈判工作就好开展多了。

可是，如果是否定回答呢？你就有必要不断地问对方类似的问题，理想的情况是他会回答你尽力替你在组织那里争取。而往往到了这一步，对方实际上也就把自己的身份透露了，事实上，他很可能就是那个所谓的“组织”、“上级”。这种请示只不过是一种谈判技巧罢了。

有一个年轻人，1962年初到美国加利福尼亚州的银行工作，由于不适应忙碌的工作状态，在蒙哥马利百货公司申请了一份实习工作。

在实习开始前，这位年轻人必须接受商店经理约翰逊·罗的面试。由于各种原因，面试并不顺利，最后，罗经理告诉这位年轻人：“非常感谢你来参加这次面试，我会向总部报告这件事情的，他们会给你消息的。”

这位年轻人马上说：“你会向他们推荐我的，对吧？”听完这句话，商店经理开始了激烈的思想斗争。因为，他并不打算向什么总部推荐这位年轻人。可是他又不能直接拒绝这位年轻人，因为这样很容易使对方产生对抗情绪。

罗经理思考了几分钟，说道：“好吧，是，我可以给你一次机会。”并且马上告诉这位年轻人，根本不存在什么总部，他本人就能做决定。

可见，在谈判中，如果你不知道谈判对象是否具有最后的决定权，必须学会在谈话中去判断对方是否手握决定权。如果这位年轻人在听到商店经理要向总部请示的时候悻悻离开，也就不会有经理激烈的思想挣扎，那这次实习的机会也就失去了。正因为他努力在谈话中去试探这位商店经理有没有最后的决定权，才取得了面试谈判的成功。

可见，如果你在谈判中遇到对方会说“我需要请示总部”、“我需要问一下董事会的意见”、“我需要向我们的法律部门咨询一下”等情况时，你要警惕这是不是对方使用的谈判技巧，否则，你觉得自己永远见不到有真正决定权的人，永远只能被对方牵着鼻子走，无法掌握对方的身份，成功的谈判又从何开始呢？

而对付那些在谈判一开始就宣称自己有权做出最后决定的人就更

加容易了，因为他们首先把自己放在了不利的位置上。因为一旦这样的客户表示出了同意的意向，也就是告诉你这笔交易确定无疑了。

此外，还有一个特别值得注意的现象就是，没有决定权的谈判对手在谈判中一般是使用模糊的实体作为“更高权威”。因为，他知道，一旦他明确告诉你他的请示对象是他的上司，你要做的就是直接与他的上司谈判。

显然，只有模糊的实体才能保证自己的谈判安全，所以在谈判中抓住那些模糊的“更高权威”是你判断对方有没有决定权的关键。

不难看出，判断对方是否具有最后的决定权的关键还是要注意听对方的回答，因为成功的谈判就是从倾听开始的。

5. 学会倾听，读懂暗示

【谈判术】

谈判时，要想读懂对方的暗示，除了注意对方有声的语言，同时要观察对方的肢体语言。学会倾听，学会观察，读懂了对方的意思，才能把握谈判的进程。

谈判中，经常会遇到不愿意直接表达自己想法的客户。这时候，你需要耐心倾听，仔细观察，读懂客户在言语中的种种暗示。

生活中有大量的话是不用直接说出来的，在话里带出来就可以了。此外，还有不能直言的意思，得靠暗示来传达，“一语双关”、“含沙射影”、“指桑骂槐”都是这时候惯用的技巧。显然，如果能读懂这些暗示，谈判成功不在话下。

其实，我们每个人在生活中都经历过这样的语言暗示。两位恋爱的年轻人，女孩子比较矜持，大多喜欢用暗示的话来告诉男孩子他应该做的事。

比如，情人节快到了，A 的好朋友收到男朋友大捧玫瑰花，A 可能不会直接向自己的男朋友要玫瑰花，但会告诉他“某某的男朋友送了大束玫瑰花给她，她好幸福”之类的话，那么这个时候 A 的男朋友需要做的是什么呢？毫无疑问，买花！

这里还有一个例子，会让你知道暗示多么重要。

1952 年，在苏联访问的美国总统尼克松将去苏联其他城市访问，勃列日涅夫到莫斯科机场送行。不幸的是这时飞机出现故障，一个引擎怎么也发动不起来，尼克松一行人只得推迟登机。

勃列日涅夫为了掩饰自己的窘境，故作轻松地说：“总统先生真是对不起，耽误了你的时间！”边说边指着在飞机场上忙碌的人群问：“你看，我应该怎么处分他们？”

“不，”尼克松说，“应该提升！要不是他们在飞机起飞前就发现了故障，那飞机一旦升空，该有多么可怕啊！”勃列日涅夫虽然知道尼克松话里有话，不乏讽刺、挖苦，甚至指责，但却无话可说。

同样，在谈判中也有客户喜欢用暗示性的语言表达自己想法，而不是直接说出来。这时候，你需要做的就是认真听客户的陈述，努力读懂客户话里的暗示，抓准客户的心思，才好对症下药。

在谈判中相信不少人遇到过这样的情况，你滔滔不绝地说了不少，客户只是在必要的时候附和两句。如果，你能读懂客户的暗示，就不难发现，客户对你的谈话并不感兴趣。

这个时候，你要做的就是停下来，引导对方说出他想要的，只有这样才不至于将“剃头挑子一头热”的情况持续到谈判结束，却最终落得个谈判失败的结果。正所谓“读懂暗示，不会失势”。

当然了，除了语言暗示，还有一种暗示叫做非语言暗示，这些暗示包括表情、动作等肢体语言，在谈判中读懂这些暗示也是至关重要的。

肢体语言往往能够将本人没有说出口的东西显露出来，这种肢体语言往往是无意识的，或者说是潜意识的，因而更能反映人的真实想法。我们在谈判中如果能够迅速理解对方的肢体语言暗示，那么就能够及时调整自己的谈判策略。

比如，当客户选择不看你，眼睛注视着窗户等其他地方的时候，你就要注意客户可能是对现在的话题不感兴趣，你应该询问客户的需要，迅速调整话题方向。

再比如，当客户在与你谈话的时候眼神发呆，很有可能是你的话过于啰嗦，客户已经听懂了你话的意思，你就没有必要一再重复，一再强调，应该尽早进入到下一个话题。

此外，当客户与你谈判过程中，不由自主地将自己的身体向前倾，就是表示，他对现在的话题“很感兴趣”，希望你可以再解释得详细一些。这时候，你就应该对相关问题做更深入的解释，并且注意询问客户有没有什么问题。

下面这个例子就很好地诠释了注意肢体语言的重要性。

在一次中国人和英国人的谈判中，双方谈判进行还算顺利，但当谈到双方的条件时出现了分歧，中方觉得英方提出的价格太高。激烈的争辩后仍没有结果，中方要求休息。

休息过后，中方给出了自己的价格，并表示不再退让，英方一度表示沉默，就在大家以为这单生意黄了的时候，中方主谈注意到英方主谈僵硬的左肩有稍微的抖动，他便知道谈判会成功，随后英方果然同意签署合同。

可见，在谈判中，我们不仅要学会读懂对方的语言暗示，在对方的话中寻找对手的真实意图，还要明白，肢体语言也是具有暗示性的。

6. 换位思考更易于理解对手

【谈判术】

在谈判中始终保持真诚的心对待客户，本着服务的态度站在客户的角度多为客户着想，也就能更快地抓住客户的意图，这是成功谈判的重要一环。

在谈判中摸清对方意图并不是一件容易的事，因为，你并不是对方的朋友、亲人，他不会心甘情愿地与你分享内心的真实想法，他认为和你分享心事是没有意义的。

那么不了解谈判对象的真实想法，又怎么做到知己知彼，百战不殆呢？成功的谈判又从何开始呢？所以，谈判，要做到充分了解对手。而了解对手最快速最有效的方式就是学会与客户换位思考。这是长期与客户接触的人都知道的。有换位思考，对方才能和你交心，才能放心地跟你合作，这是走进客户内心的必然选择。

谈判实际上就是矛盾的双方进行攻坚战的游戏。双方都希望自己是胜利的一方，而对方是失败的角色。但谈判和真正的战斗截然不同，谈判通常要求谈判双方能够共存，能够共赢。将彼此的利益分别退让一步，寻求到利益的结合点。

而要做到与谈判对手共赢，就要把握住谈判的尺度，其中的一个方法就是要进行换位思考。

所谓换位思考，就是把自己放在对方的位置和角色上考察整个谈判过程，分析自己的条件或者行为能给对方造成的影响和结果。从而从对方的角度考虑对方的需要，根据对方的需要控制谈判的进程。

其实这样的谈判在日常生活中也是常见的。一对情侣约会，女方先到了，男方迟到非但不道歉，在女方质问的时候反而找各种理由搪塞，结果是大吵一架。这就是男方没有很好地做到换位思考。试想，男方换位思考一下，自己迟到不仅让女方独自等待良久，而争吵又伤了女方的心，那结果就可能完全不同了。

在商业谈判中更是如此，通常换位思考比正面交锋能带来更多的意外收获。

一位销售员跟领导拜访一位重要客户，由于是夏天，茶室里打开了电扇。大家聚在一起商讨问题的时候，领导提醒销售员把屋里的电扇关掉。原来，细心的他发现客户有些怕风。会谈结束后，领导询问客户的健康问题，才知道对方有老寒腿。

尽管自己要承受酷热的煎熬，但是这位领导却设身处地为客户着想，令对方异常感动。这件小事密切了双方的信任，加强了彼此的合作关系。

销售员亲历了整个过程，对领导的细心、风度大为钦佩。其实，这在很大程度上是他善于进行换位思考的结果。最大限度地从对方角度思考问题，进而权衡利弊、采取周密的行动，这也是每一位销售人员的制胜法宝。

中国有句古语：做人难、人难做、难做人。因此，做销售就要先做人，在和客户的接触过程中要将心比心，让对方感受到自己的真诚，感受到自己想帮助对方的心情，才能取得客户的信任，真正帮助客户。也只有这样，才能更容易做成生意，并且还有可能为自己发展长期客户。

那么，怎样培养自己与谈判对象换位思考呢？下面这几个小建议，或许是值得你借鉴的：

（1）学会迅速转变自己的角色

在谈判中要快速进入工作的角色，更好地为客户做好服务，急客户所急，想客户所想。只有完成这种角色转换，才可以在接下来的工作中做到快速地和客户换位，做到换位思考。

（2）想想你能为客户做什么

“我能为客户做什么”，这是谈判人员都要思考的问题。明确自己的职责、能力，想到客户的真正需要是什么，那么你在与客户接触的过程中才能逐渐赢得客户的信赖和赏识。

（3）销售人员要有百折不挠的精神

工作的时候，随时都有心情低潮的时候。比如，一天的工作结束后，整个人都累垮了，但是客户的合作意向仍然不明显，这的确让人沮丧。这时候，你需要站在客户的角度想想，为什么不合作。可能是还有其他顾虑，可能是价格上还不满意，等等。

（4）在学习中适应客户的需求变化

适应客户需求的变化，是一个艰难的过程。改进的方式有很多种，其中最重要的就是学习，提高自己的技能。在一个知识爆炸的年代，不学习的人就只有被时代无情地淘汰。

换位思考是我国传统的道德要求，孔子倡导的“己所不欲，勿施于人”就是典型的代表。而在西方世界，也可以看到《马太福音》中有这样的记载：“你们愿意别人怎样待你，你们也要怎样待人。”

7. 找准成功谈判的切入点

【谈判术】

切入点除了良好的谈判氛围，谈判时候的态度、语言、肢体形态等都可以作为谈判的切入点。找准切入点，谈判将无往不利。

一场成功谈判的取得，前提条件是对方愿意和你谈。那怎么开始一场谈判呢？首先就要找到谈判的切入点。

在人际交往中，交际的切入对交际的结果起着至关重要的作用。切入得好，交际圆满成功；切入得不好，就不能取得预期的效果。因此，找准成功交际的切入点是增进人际关系密切的基础。

商业谈判中更是要找准切入点。因为在商业谈判中，如果客户不能尽快做出是否合作的决定，很大程度上是不知道跟你合作的好处。

大多数人都遇到过那些一脸不想和自己合作的样子的客户，这个时候找到切入谈判正题的话题就尤为重要了。究竟是先和客户寒暄地打招呼，还是先和客户掏心掏肺地聊上一阵呢？如果客户只想和你闲聊，完全没有心思和你谈生意，那又该怎么办呢？

实际上，谈判在你开始接触客户的第一秒的时候，就已经拉开了序幕，那这个时候重要的不是向客户推销，而是营造适当的氛围，也就是要用自己营造的全面的氛围来引导谈判。因为在很多情况下，不是对方不想和你成交，而是当时的氛围不对，如果没有很好的分辨和营造气氛的能力，那也就很容易错失成交的好机会。

举个例子，你临时拜访了一位客户，却发现他正在公司的健身房里跑步，那你觉得这是一个适合谈判的好氛围吗？假如这位客户并没有立刻停止跑步，那么你就不应该在他跑步的时候谈生意。因为，在这个时候，客户不论在心情上还是在身体的专注力上都与你是不同的，就算之前的合作都很愉快，那这次沟通也很难达到最佳的效果。此时，你只有两个选择：第一，放弃这次不恰当的沟通机会；第二将自己与客户放于同样的状态，即和客户一起跑步，待到运动结束，再做定夺。

这个故事就表明了一个道理，那就是当你和客户在相同的状态下，彼此的亲密度就会大幅提升，谈判成功的几率就大大增加了。可见，谈话的氛围也是进入谈判的很重要的切入点。

此外，大多数情况下人们会更注重语言的谈判，但谈判是一种全面性的感受，除了语言，我们还可以从态度、环境、肢体等等各方面作为成功谈判的切入点。你可以从以下几个方面努力：

（1）关心与他最亲近的人。任何人总是关心着自己最亲近的人，如果一旦发现了别人也在关心着自己所关心的人，大都会产生一种无比亲近的感觉。交际就可以利用人们这种共同的心理倾向，从关心他最亲近的人切入。

（2）在他心中建起“同胞”意识。“同胞”意识也就是亲情意识。能在交际之初迅速建立起“同胞”意识，就可以使对方放松对自己的警戒之心，而把自己接受为“自己人”。

（3）热情提供帮助。热情相助最能博得人的好感。日常生活中，那些具有古道热肠、为人厚道、不吝啬、好助人的人总能在邻里之间、同事之间获得好名声。因为人们一般都乐意与这些热心肠的人相识相交。

（4）保持善意的态度。人们一般都认为，双方矛盾爆发之后的一段时间，是交际的冰点。但如果此时一方能主动做出一个与对方预期截然相反的善意举动，就会使对方在惊愕、感叹、佩服、敬意之中认同你，从而化敌为友。

（5）多赞扬。人们都有一种显示自我价值的需要。真诚的赞扬不仅能激发人们积极的心理情绪，得到心理上的满足，还能使被赞扬者产生一种交往的冲动。如果你一开始就对对方进行称赞的话，他很难不对你留下好的印象。

所以，如果你还在用那千篇一律的谈判开场白，倒不如多在谈判中注意观察客户。台湾巨富陈永泰说过：“聪明人都是透过别人的力量，去达到自己的目标。”用客户自己身上具有的特点，达到你的谈判目的，岂非明智之举？

可见，找准一个谈判的切入点对成功的谈判至关重要。当然，学会寻找谈判的切入点，与客户建立良好而长久的合作关系，并不是一朝一夕的事，那是在不断地交往过程中实现的。而这种能力不是天生的，需要在实践中不断磨炼。

第四章
攻克心防，把话说到对方的心坎上

漫无目的的说话远没有目的明确的说话来得更有效果，废话即使说上一万句，也不如一句攻克心防的话，说服别人的关键在于进入对方的内心。

1. 攻心，才是说服成功的关键

【谈判术】

所谓攻心谈判是在了解客户的基础上进行的，攻心并不是毫无边际地胡侃，只要在谈判中抓住客户的心理，转换一下谈话方式或者关注一个小细节就可以获得客户的合作。

话不在多，“攻心”最重要！

无论是日常生活中，还是商务谈判中都少不了说服别人。在商务谈判中，如果一句话说到客户心里去，会帮你赢得大单。那么怎样说服的成功率最大？最精髓的东西又是什么呢？

其实，很多人是害怕思考这个问题的，因为大多数人习惯在谈判中随机应变。没错，随机应变是必不可少的谈判技巧，但是掌握说服的技能则可以使谈判进行的更加得心应手。

要想说服对方，取得谈判的胜利，关键还在于要攻克对方的心防，步步为营，以此达到说服对方的目的。也就是我们经常说的把话说到对方的心坎上。

我们认识的人中可能有被大家戏称为“话篓子”的人，这种人虽然话很多，但是却没几句是非说不可的，甚至话多的让人有些厌恶。很显然，这就是没有能把话说到点子上，自然会招致厌恶。

在谈判中，更是忌讳话多。话多了，就不能专心地倾听对方的想法，没有倾听就不能全面的了解你的谈判对象，不了解对象，说服自然是无从谈起。

台湾有一位知名的“讨债专家”说，这世界上有三种人的债最难讨，就是民代政客、警察和黑道。不过，他都有办法讨得到，因为他深知他们的弱点：民代政客怕丑闻，警察怕被告，黑道怕人情。只要掌握了他们的弱点，他们一样乖乖听话。

这位“讨债专家”可说是如假包换的“攻心专家”。因为他抓住不同人的特点，从不同的心理类型出发，自然能够达到自己的谈判目的。

“攻心”不仅是用在讨债上的良方，只要“攻心”到位，别说讨债了，爱情、事业、订单、财富、育儿和人生幸福，哪一样不是顺风顺水呢?

包括美国联邦调查局和知名国际公关公司在内的许多谈判高手都表示，要说服一个人，口才不是重点，攻心才是关键。

比如在饮料销售中，询问顾客“您需要咖啡吗?”或者“您需要牛奶吗?”就不如问“您是需要咖啡还是牛奶?”取得的销售额高。原因在于，消费者在购买饮料的时候往往比较盲目，更多的人并不知道自己要什么好，如果抓住了这一心理，主动提供给消费者一个选择，那销售成功的几率就会很大。

打个比喻，“攻心”就好比打靶，谈判对手就好比是靶心，正中靶心，即是“攻心”成功，说服成功。

王华是某烟酒厂的销售员，负责向各酒店推销公司的烟酒。

有一次，王华来到某高档酒店，希望能见一下他们老板。服务员通报一声回来说，老板在开会没时间见他。其实王华也知道这只是老板的托辞，可是他并没有转身就走，而是在外面一直等了将近三个小时，等到老板下班出来。

王华连忙上去说了来意，老板先是坚持要6000元进店费，而后又以有事为由开车走了。所以这件事就迟迟没有结果。王华后来又跑了多次，酒店老板都以有事为由避而不见。

因为该酒店在当地有一定影响力，所以王华心想无论如何也要拿下这单生意。王华愈挫愈勇，一次次的被拒绝，又一次次的去拜访，终于该店老板答应与他在办公室面谈。

面谈当天，为给酒店老板留下好印象，王华提前半个小时就到达了该酒店。由于上班时间尚未到，所以王华在办公室外面等候，刚好听到两个服务员在说老板什么，询问之下才得知今天是老板的生日。

于是，王华立马出去买了一束鲜花。待老板上班时，王华首先将鲜花送给他并祝其生日快乐。这一举动使酒店老板激动万分，几句交谈之后，毫不犹豫地在协议书上签了字，进店费的事也是一字未提。

在这个故事里，王华仅仅借助一束鲜花就将生意做成了。我们看不出王华有多么出众的口才，他也没有在老板面前口若悬河，甚至，不用介绍自己的产品如何好，只一束鲜花，就成为沟通双方的桥梁，攻克了酒店老板的心防，使酒店老板从一开始的索要进店费，到后来变得亲切，产生合作意向，其实都是瞬间的事。

可见，面对客户时，话说得多少或者说得多漂亮都是其次，关键在于“攻心”。攻心是一种洞察客户心理、赢得客户信任的技巧。有时一句问候，一个微笑，一个动作就能感动“上帝”，就能获得客户的理解与回报，促进产品的销售。

2. 不说超乎对方想象的事

【谈判术】

在谈判中首先要学会寻找谈判的话题，遇到专业话题要学会化专业为通俗，更重要的是明确自己的谈判对象。不说超乎对方想象的事，保证谈判的顺利进行。

如果和一个人交谈，你最喜欢的话题是什么？答案肯定不会是你听不懂的话题。谈判最忌讳的也是对方听不懂的话题，换句话说，就是，说超乎对方想象的事情。两个人交际，重要的是要有共同的语言，才能保持交流的状态，才有可能达到谈判的目的。

其实，这一点和上面提到的“攻心”是相通的，找到了共同的话题，不提对方不知道、不了解、不熟悉的话题，能够尽快拉近彼此的距离，更快地进入谈判的正题，自然而然就能攻克对方的心防，把话说到“点子”上。

两个人谈恋爱，一个是 IT 精英，满脑子的 IT 术语，整天在自己学艺术的女友面前大谈 IT 术语名词，你觉得会怎样？毫无疑问，分手的几率很大，除非，这位女友自己也是对 IT 十分感兴趣的。

这就是超乎了对方想象的事情，超越了对方的知识范围和理解程度，很难再进行深层次的沟通。那要怎样把握好这个尺度呢？

首先，在与谈判对象交谈的时候，一定要注意使用通俗易懂的语言，在介绍自己熟悉的专业和行业政策以及知识的时候，一定要注意到，对方可能是很少接触到这些名词的，所以，如果照本宣科、一字不落地向对方“授课”，就很容易超出对方的想象和理解，那接下来的谈判自然不会太顺利。

这个时候，就需要化复杂为简单，即化繁为简。把专业术语转换为口语，通俗易懂地讲给对方听。当然，面对不同知识和理解水平的谈判对象，需要使用不同的方式。自然，储备不同版本的解释也就成为必要了。

如果对方能够很容易地懂了你所要表达的事情，那进一步的沟通也就容易多了。如果对方没能很快明白，那就需要使用语言之外的其他手段辅助对方理解，只有理解了，谈判顺利进行才能有好的基础。

其次，要明确自己的谈判对象，这是准备谈判内容的前提，谈判的目的不是为了利益最大化，而是要与客户取得共赢。这里说的共赢并不是你与客户签了一个多大的单子，因为共赢是双方的需求都得到了满足。

正所谓，见什么人说什么话。有些人把谈判用在了商场中，有些人却把谈判用在了菜场中，如果不能很快地根据谈判环境的变化改变自己的谈判策略，那谈判失败的可能性是很大的。

举一个简单的例子，有一个金融咨询师，尤其喜欢在和别人的谈话中牵扯进自己的工作，即使是在日常生活中也是乐此不疲，丝毫不顾及自己的话别人听了是怎样的感受。

某天，这位咨询师照常去菜市场的晚市，他转了几个菜摊，每次都抓住摊主讲他自己过去的事情，惹得摊主很是恼火，有的甚至对他爱搭不理的。

其实这位咨询师就是没有明确自己的谈话对象。如果是在工作时间，遇到了同一个行业的人，彼此开开工作的玩笑未尝不可。而在生活中遇到了和金融很难扯上关系的蔬菜摊主，还使金融话题不断的话，就不是明智的选择了。

其实，我们不能说这位金融师不是一个讨人喜欢的人，但至少，他买菜谈判是失败的。因为，在没有明确自己谈判对象的情况下，和谈判对象取得良好沟通也是很难的。结果自然是话不投机半句多，他心理上的挫败感可想而知。

取得更进一步的谈判的前提就是有对方所感兴趣的共同话题，也就是能彼此理解，也就是不要说超乎对方想象的事情，这样，对方在愿意和你交谈的前提下，自然是会敞开心扉的。有了这个前提，何愁不能在谈话中寻找机会，实施你的“攻心”大计呢？

你需要记住的就是，谈判技巧真的不是束之高阁的武林秘籍，只有那些内功深厚的人才能参透。谈判这种艺术是生活性很强的，只要你善于在日常生活有意识的使用一些技巧，并把它们作为习惯，生活处处是谈判，处处是你成功的谈判。

如果在谈判开始的时候很难找到共同的话题，难以打开谈判的僵局的话，那一些普遍的共同话题就必须收藏于你的囊中了。比如，天气，姓名，家乡等等能够引起共鸣的话题，就很能提起谈话的兴趣。

3．赞美一句话打赢一场仗

【谈判术】

不要吝啬赞美，只要你真诚地赞美客户，并且注意要结合客户的身份和特点，而不是千篇一律，让客户觉得你不是应付，赞美确实可以帮你赢得生意。

谈判并不是只靠能言善辩就能成功的，更不在于能在有限的时间里说尽可能多的话。实际上，有时候一句赞美的话就可以打开谈判对象的心防，也自然达到了“攻心”的目的。

大多数人是喜欢听赞美和恭维的话的，只要你是真诚、真心地赞美对方，不牵强附会，对于大多数人来说是很受用的，甚至有时候成为谈判成功的关键因素。在谈判中赞美得当的话，不但不会给别人留下“口蜜腹剑”的话柄，反而会使你的谈判进行得更加顺利，甚至可能因为你不吝啬赞美交到一些朋友，为以后的再谈判铺好道路。

因此，假如在谈判中能够经常赞美对方，运用得当，人缘和生意两丰收，何乐而不为呢？

女孩子都爱“臭美”，所以对于女性顾客多赞扬她的脸蛋、身材、衣服之类的东西，比如：“您真可爱！”“这条裙子真漂亮，在哪儿买的？”“您身材多好啊，我要是像您这样就好了！”等等。男性都好面子，只要你给足他面子，他就会很慷慨。这样的赞美大多会让客户自解腰包的。

然而，赞美也不是随便两句好话就行的，只有说到客户的心里，才会让他感到真诚，才有继续谈下去的可能。

也许有人会说，商业谈判就不同。你来我往，讲出自己的条件和要求就好了，怎么可能一句赞美的话就能搞定谈判？

然而俗话说得好，“嘴巴甜一甜，胜过三斗田”，说的就是这个道理。嘴巴甜一点、说话好听一点总是会让人喜欢、令人满意、与人为善的。

因此，谈判人员在谈判中可以抓住这点，学会赞美你的谈判对象，对方听着心里舒服，与你也不会有什么损失，而且对于你取得谈判成功大有裨益，可以说是一举三得的事情。关键是你能把话说到对方的“心坎”上。

现在，让我们来看看赞美到底有多么大的功效吧！

某公司承包了一幢楼的建筑工程，必须在规定的日期内完工。可眼看工程就要完工了，供应楼内装饰材料的供应商却声称不能按期交货了。这就意味着整个工程不能按期交工，那样公司将承担巨额的罚款。两边通过电话，讨论、争吵都无济于事。于是负责此项工程的王先生决定亲赴纽约和那位供应商商谈。

王先生刚一进入这位经理办公室的时候就说道：“你知道，你的姓在这个地区是独一无二的。”这位经理显得很吃惊：“是吗？真的吗？我不知道。”王先生接着说：“今天早上我下火车后，就在电话簿中查找你的地址，发现在电话簿中姓这个姓的只有你一个人。”

经理说：“真的是这样吗？呵呵，还从来没注意过。”他说着就很有兴趣地翻着电话簿，显得很骄傲。

接着这位经理又自豪地说：“这个姓可不普通。大约200年前，我的祖父从荷兰移民到这里……”他用了很长的时间谈论他的家族史，越说越兴奋，一说就说了好长时间。王先生并没有打断他，而是附和着，适时地称赞他们家族不一般。

等经理说完，王先生又恭维他一个人支撑那么大一个公司，并且比其他同类公司生产的装饰材料都好得多。经理被王先生说得喜上眉梢，心里觉得很舒服。

说着说着还没说到正题就到吃饭时间了，经理坚持要请王先生吃饭。在吃饭的过程中王先生又和经理说了一些其他的事情，却始终没说来访的目的。

饭后，经理说：“现在，我们言归正传。我自然知道你此行的目的，但想不到，你能给我带来这么多的快乐。放心吧，你要的东西，我马上派人给你送过去，即使工作再忙。”就这样，王先生没有提任何要求，就达到了目的。那些材料准时送到，他们也按期交工。

这个故事中，王先生就是恰到好处地运用了赞美。可以说是赞美帮他解决了难题，那么称赞美为一种谈判利刃也就不为过了，因为赞美确实能够帮你打赢谈判这场没有硝烟的战争。

4. 像谈恋爱一样谈判

【谈判术】

你需要像呵护女朋友那样去呵护你的谈判对象！恒心，真心，责任心一样不能缺，万事俱备，只欠东风。准备充足，只等待合作机会了。

谈过恋爱的人都知道，对于恋爱双方来说最重要的就是一颗真心；其实谈判也是一样的，如果你能真诚地对待你的谈判对象，会更容易从内心深处获得对方的信任，谈判、生意、长期合作，一切皆有可能。

那么，谈恋爱和谈判有什么相通的地方是值得我们学习借鉴的呢？

(1) 坚持，坚持，再坚持

追过女孩子的人都知道，遭受拒绝是再正常不过的事了。其实谈判也是一样的，特别是和客户之间的商业谈判中，遭受拒绝也是经常发生的情况。这个时候，你首先要树立坚定的信念，为打持久战做好准备。只有坚持下来才有将僵局化为顺利的机会。

接下来要做的就是要取信于客户，客户不愿意答理你，不见得是你有多不招人待见，这可能是客户在面对谈判人员时候的本能反应，也许这是他进行自我保护的一种方法。

那，当遇到这样冷冰冰的谈判对象就只有干等的份儿了吗？自然不是，首先要防止自己灰心丧气，精神不振。最先应该做的就是告诉自己，坚持，坚持，坚持住！

因为坚持就有希望！

因为坚持就有机会！

坚持住就会有最后的胜利！

（2）马不停蹄

追女孩儿，如果你一时懈怠，难保她变成了别人的女友，你得马不停蹄地去献殷勤。

谈判也是一样。一个客户，肯定不止你一个人在盯着，要知道，你是在与别人“抢”客户，而马不停蹄的殷勤是必须得献的。

即使眼前并没有什么生意可做，但时常打电话联络感情，发邮件表示关心，亲自拜访增强见面的印象，经常出现在客户的生活中，不可不说都对以后的谈判有大用处。

这一点也像谈恋爱一样，你时不时在女孩儿周围出现，经常关心，经常见面，那么如果有一天突然见不到你，她说不定还会想念你的。

那要怎样做到马不停蹄呢？心要勤快，要常常想起客户，随时把自己心里的客户梳理梳理，看看有没有因为自己的疏忽而流失的客户；嘴要勤快，经常打电话问候客户，这样客户会认为你是一个比较重视感情的人，会更放心地跟你合作；腿要勤快，要经常保持与客户的见面，即使不是做生意，客户也会有自己在你这里很重要的感觉，再合作自然会有好的印象做基础。

成功都是留给有准备的人的，马不停蹄地保住自己的潜在客户，成功也会水到渠成的。

（3）要真诚

在今天这个物质的世界，女孩子要求男孩子要有一定的经济实力也是可以理解的事情，然而，谈恋爱不是谈钱，只有钱没有真情，幸福也是无从谈起的。

谈判也是一样，无论你有怎样的实力基础，在谈判对象面前一定要真诚，有了真诚的交流，才有彼此的信任，才有合作的可能。

（4）有责任心

什么样的男人是值得托付的人？多数女孩子会提到“责任心”一词。没错，这个社会中，责任心太重要了，不负责任的男人比比皆是，所以更是坚定了女孩子们找一位富有责任心的男人的信念。

谈判也是一样，即使你拿到了一个单子，做成了一笔生意，没有责任心，没有担当，不管客户的死活，那以后的合作也就免谈了，更别提长久合作了，甚至可能影响你在业内的信誉。关心客户，帮助客户解决后续问题，才有机会把客户变成长久合作的对象，那固定的客户，忠诚的客户，也就处处可见了。

可见，谈判就像谈恋爱并不是什么空话，它已然成为一个好用的谈判技巧，可以运用于各种谈判场合，帮你达到谈判的目的。

这也就告诉我们一个很易懂的道理，“客户就是上帝！”你的生意都是客户给你的，重视客户就是重视上帝，上帝的眷顾自然使你赢得市场。

抓住客户的心，就好比在恋爱中获得女孩子的芳心，只因为你攻克了对方的心防，你把对方放在了自己的心上，用一颗真诚的心来对待对方，抱得美人归自然不在话下。而客户也是如此，你用真心待他，他自然愿意和你合作，谈判成功是必然的结果。

所以，在客户管理上，要有跟客户“谈恋爱”的本领，心里时刻想着对方，才会了解对方的需求，对方也才能把你放在心里。

5. 用幽默提升你的信任度

【谈判术】

看准场合，判断要不要运用幽默的技巧，并且要学会观察客户的个性，决定使用怎样的幽默才能达到最好的效果，幽默才会起到它化解尴尬气氛的作用。

虽然谈判的场合有所不同，然而无论在哪种谈判的场合中都有可能用得上幽默的技巧。有时候幽默就好比是一把钥匙，可以打开谈判对象的话匣子，使绷紧的神经放松警惕，让对方愿意甚至主动与你交流信息，那样拿下这个谈判就变得容易多了。

其实，在我们的生活中也不难发现这样一个现象，幽默的人更容易结交到朋友，在人际交往中更能自如地处理人际关系，往往人缘也更好一些。这就是幽默的无形魅力。

在购物过程中，如果适当幽默，嘻嘻哈哈中就有可能以比较满意的价格买下；在谈恋爱中，幽默更是可以使恋爱的气氛变得活泼，增进两人感情自不必说；而在商务谈判中，幽默更是可以缓解紧张的谈判气氛，使你可以在紧张的谈判中保持清醒的头脑。

在人们的日常交往中，幽默更是起到了妙不可言的功能，幽默可以让交往对象感到说话人的温厚和善意，使说话人的观点更容易让人接受。正所谓“幽默是具有智慧、教养和道德上优越感的表现”。

在商务谈判中更是如此，幽默能创造活泼交往的气氛。在推销各方正襟而坐，言谈拘谨时，一句幽默的话就能妙语解颐，举座皆欢，来宾们开怀大笑，气氛顿时可以活跃起来。谈判各方之间那尴尬的情绪不知不觉就消失了，谈判也就能进行得更顺利些。甚至有时候幽默还会让你受到意外的礼遇。

美国小说家马克·吐温是幽默的。有一次，他去某个小城，临行前别人告诉他，那里的蚊子特别厉害。到了小城之后，正当他在旅店登记房间时，一只蚊子正好在他眼前盘旋。服务员顿时感到尴尬不已，赶忙驱赶蚊子。

马克·吐温却满不在乎地对服务员说："贵地的蚊子可真是比传说中的还要聪明啊！它竟然会过来预先看好我的房间号码，以便晚上来光顾，好饱餐一顿呢！"大家听了马克·吐温这样幽默的说法都禁不住哈哈大笑，一下子尴尬的气氛就消失的无影无踪了。

但是，这一晚，马克·吐温并没有受到蚊子的叮咬之苦，因为全旅店的员工们感激马克·吐温的理解和幽默的良苦用心，一齐出动，想方设法把他屋子里的蚊子全部消灭掉了。

可见，马克·吐温正是巧妙地运用幽默的功效，把紧张的气氛化解了，从理解旅店工作人员的角度出发，帮助旅店人员消除了不好意思的歉意，获得了旅店人员的信任，也获得了旅店人员的真心照顾。

当然，虽说幽默很重要，但并不是可随意开玩笑，做什么事情都要注意时间和场合。好比当你向一位上了年纪的客户做推销的时候，千万别开关节炎、器官衰竭等之类的玩笑。因为这是老年人最忌讳的事情。一旦你冒犯了他们，你就永远失去了他们的信任。

在你打算轻松幽默一番之前，先分析一下你的产品和你的客户，一定要确信不会激怒对方，因为那样的幽默一般都会适得其反。

当你和一些银行家打交道的时候，你明知道他一本正经，喜欢直截了当，你却偏要去故作幽默。这样，这位银行家就会以为你不把他当回事儿，那他又怎么可能把你的推销当回事儿呢？所以说，幽默可以有，但要运用得巧妙，有分寸、有品位。

让我们看一位世界知名推销员的幽默之方。

“您好！我是明治保险公司的原一平。”

“喔——”

对方端详他的名片有一阵子后，慢条斯理抬头说：

“两三天前曾来过一个某某保险公司的推销员，他话还没讲完，就被我赶走了。我是不会投保的，所以你多说无益，我看你还是快走吧，以免浪费你的时间。”

此人既干脆又够意思，他考虑真周到，还要替原一平节省时间。

“真谢谢您的关心，您听完我的介绍之后，如果不满意的话，我当场切腹。无论如何，请您拨点时间给我吧！”

原一平一脸正经，甚至还装着有点生气样子。对方听了忍不住哈哈大笑说：

“哈哈哈，你真的要切腹吗？”

“不错，就像这样一刀刺下去……”

原一平一边回答，一边用手比划。

“你等着瞧吧！我非要你切腹不可。”

“来啊！既然怕切腹，我非要用心介绍不可啦！”

话说到此，原一平脸上的表情突然从“正经”变为“鬼脸”，于是，准客户不由自主地和原一平一起大笑起来。

上个事例说明，只要你能够用幽默创造出与准客户一起笑的场面，就突破了第一道难关，并且拉近了彼此间的距离。这样取得了客户的信任，接下来的谈判就掌握在你的手中了，不是吗？

6. 说出精准数字与信息

【谈判术】

使用数据，并且要使用真实的、精准的数字和信息，是与客户建立信任的关键一步。同时运用数据和重大事件及人物的联系，更能增强数据的说服力。

“大概……”

“可能……”

“差不多……”

“我估计……”

“两三天……”

这样的话在我们生活中出现的频率很高，因为日常交往中有些话是不需要给出精确的答复的，或者是没有办法给出精准答复的。

然而，“我想成为一个有钱人”，这个模棱两可的愿望，只会让你在执行目标时感到迷惑，你往往不知道该怎么走下一步。假使你的愿望设定是“我想在三年内存到一百万”这一个清楚的目标，你会自然而然地淘汰掉一些不可行的赚钱方式，并且规划自己的开销收入。

可见，精确的数据和目标更能激发人的奋斗潜能。

谈判的时候也是一样的，你在买衣服的时候，一再要求对方便宜些，而卖方也同意可以给你优惠，然而如果没有具体的价钱协商，交易还是无法完成的。

有一种说法是这样的，如果能用小数点以后的两位数字说明问题，那就尽可能不要用整数；如果能用精确的数字说明情况，那就最好不要用一个模模糊糊的大约数字来应付别人。这种说法用在谈判中一点也不为过，在谈判中涉及的数字问题，要尽可能做到精确，精确，再精确。

这是因为，在谈判中，如果不能拿出精准的数字和信息，给对方的仅仅是一个模糊的、大致的，甚至有时候是一种捉摸不透的信息，很可能会影响对方的判断，影响谈判的效果，有时候甚至是最终的结果。

做销售工作的人可能会有这样的问题，明明自己已经把产品的基本信息传达给了客户，完全是如实告诉的，可是客户却好像不能完全放心的样子，迟迟不做出回应。这个时候即使你再怎么跟对方夸赞自己的产品，也只是一个模糊的概念，对方还是不敢信任你。

那客户到底是在担心什么呢？其实，可能持犹豫态度的客户连自己都不知道自己在怀疑什么，那么这个时候，销售人员最需要做的就是拿出具体的、精确的数据信息来帮助客户了解产品，增加其对产品的信任度和放心度。

那怎样才能够透露出具体的信息呢？

“实验证明，我们的产品可以连续5万个小时没有质量问题。”

“没错，儿童食品尤其要注意安全卫生问题，我们公司生产的儿童食品经过了11道严格的操作程序，并且公司内部已经进行过5次卫生检查。”

这样的精准数字就很能够说明问题，不仅能够解决客户的后顾之忧，更能够打破客户的担心，也就是我们所说的攻破客户的心防，取得客户的信任。

当然，并不是任何谈判场合使用精准的数据都会取得正面的效果，那就是精确数据使用不当的问题。

首先，谈判所使用的数据必须是真实的可信的数据。使用精确的数据说明问题的目的就是增加客户对产品的信赖，所以，使用的数据本身一定要真实准确，否则，使用数据也就失去了其原有的意义。

同时，如果客户发现了数据的虚假和错误，就有充分的理由认为销售人员甚至企业都在玩弄欺骗的把戏，目的不过是欺骗消费者上当而已。这就会给谈判人员和公司的长久发展造成很坏的影响。

其次，使用的数据最好是和有影响力的人和事相关的，因为这样的数据更容易给对方留下深刻的印象，如果是推销产品，不妨借用名人效应。

比如“某个明星从多少年前就使用我们的产品了，现在为止，已经建立了6年零5个月的合作关系，双方合作非常愉快。”

“这是某次奥运会的指定产品，那次奥运会就使用了456730箱这样的产品。”

显然，这样的比较有影响力的数据更有说服力，因而更容易让对方产生信任感。

国内某家电生产厂家新生产出一种质量上乘的洗衣机，这种洗衣机得到了国家认可的5000次无故障运行。为了迅速占领市场，该厂家想出了一个绝妙的广告宣传方法：为了向消费者证明，这种洗衣机的质量正如同产品研发部门所说的“连续使用5000次无质量问题”，这个家电生产厂家在王府井大街上的黄金地段租了一个小亭子，然后把新研发出的洗衣机放在小亭子里供来往的行人参观。那台放在王府井大街的洗衣机一直处于启动状态，而且完全公开地接受群众监督，绝对不可能出现中途另换一台同样洗衣机的现象。那台洗衣机迅速引起了人们的关注，结果在它连续无故障运转了5000次以后，该厂家生产的这种洗衣机迅速占领了大片市场，一举成为消费者心目中的名牌产品。

另外，值得谈判人员注意的是，很多相关数据是随着时间和环境的改变而不断发生改变。因此，谈判人员必须及时把握数据的更新和变化，力求将最新的、最准确的信息呈现给对方。

7. 任何时候不踏进谈话禁区

【谈判术】

谈话的禁区，除了忌讳的话题，专业术语和过于省略的简称，还有很多是需要我们在谈判实践中不断发现、不断积累的。了解谈判误区，谈判才能畅通无阻。

要想在谈判中一步步走进对方的内心世界，攻破对方的心理防守，谈判成功的几率才会大些。然而，在谈判过程中，有些谈话的禁区是不能触碰的。

沟通过程中，在一些特殊的情况下，触犯了一些禁忌，不仅会得不到任何好处，还会惹一身麻烦。作为谈判人员，如果能经常想一些与此相关的问题，会让你在谈判的时候更加得心应手。

“如果是我，我希望谈判对手和我聊什么话题？”

“如果是我，怎样的话能让我愿意交谈？”

“如果是我，什么样的话题是让我厌恶的？”

“如果是我，什么的话题是我不愿意与之交流的？”

其实，这么多归结到一点还是一个问题，那就是，明确哪里是谈话的禁区。

许许多多的谈判人员，特别是销售人员，在和陌生的客户打交道的时候，由于不知道哪些话题是禁忌的话题，不知道怎么运用客户听得懂的语言沟通，结果导致四面碰壁。

那么，该如何避免这种情况呢？你可以注意以下几点：

（1）不要在客户的伤口上撒盐

一位上门拜访的销售员说：“刚才我看到那里停着一部灵车……”结果他立即被主人赶了出来。

其实，这是应该回避的话题。一般来说，以下的话题都应该尽可能回避：

①宗教。有些人有自己的宗教信仰，而有些人没有宗教信仰，这样的话题容易引起误会，尽量少谈。

②政治。无论你的谈判对象持哪种政治信仰，甚至参加了哪个党派，这都和你的谈判没有任何的干系。

③外貌。不管对方是胖是瘦，是美是丑，都不应该议论他人的体型和外貌。即使客户自我嘲讽：“像我这种胖子……”也应该报之以微笑，避免回应这类话题。

④批评竞争公司商品。这是尤其禁忌的话题，虽然可以向顾客提示商品测试的客观资料，比如“××公司产品测试的结果怎样、怎样”，但也不能加入个人意见。绝对不能以自己的意见批评竞争公司的商品，那样会给人留下不好的印象。

⑤批评自己的公司。有些人为了想要拉近与客户之间的距离，往往会批评自己的公司和上司，其实这种行为是很大的禁忌，不仅有损于自己和公司的形象，更得不到任何实质性的好处。

（2）回避专业用语和业界通用语

应该视客户背景决定是否使用专业用语和业界用语。如果运用不当，反而会阻碍谈判的顺利进行。

让我们进行一个小测试吧。

曾经有人去NTT（日本电信公司）洽谈：“可不可以将不用的旧电话机退给你们？”

NTT如此回应：“当然可以回收，但必须采取‘捐赠受理制’”。

在某观光饭店客房内，有一张征求房客对住宿的感想和意见的问卷。其中有这样一项问题："请教你对于 Concierge 的意见，以及对我们的服务是否有什么建议……"

怎么样，你是否能够准确无误地理解这两个听起来陌生的词汇呢？很显然，如果不是专业人员，几乎是无法理解这其中代表的意思的。这也是谈判过程中的一个很大的禁忌，因为谈判首先是建立在彼此能够沟通的前提下，专业用语只适合和专业人员沟通使用。

如果仅凭着卖弄自己所知晓的专业用语来显示自己的能力，其实反倒证明了自己的无知和愚蠢。

（3）语言的省略要适当

在熟人之间中，由于彼此之间已经在平时的交往过程中形成了一种无形的交流默契，这样，在交流的过程中难免会出现语言和信息的省略现象。但是，这却丝毫不影响交流。

然而，对于谈判来说却不是这样的，特别是对于那些素未谋面的两位谈判人员来说更是如此。因为语言省略有可能会给对方造成误会。

假设有一家公司名为"经济调查研究会"（如果有同名的组织，纯属偶然），由于公司名称很长，所以，当事人和相关从业者都将该公司简称为"经调"。如果我们第一次打电话去该公司，听到"你好，这里是经调"时，一定会一下子不知所措。这与前面的专业用语和业界用语的情况如出一辙。

我们仔细分析一下语言就会发觉，"经调"把所有打电话的人都当做了自己单位的"熟人"，满口都是省略过的语言，很容易让人听不懂，那更谈不上进一步的沟通和交流了。

乔·吉拉德曾说过："在沟通过程中触犯禁忌和说别人听不懂的话题，等于向天空吐口水，最后自己是最大的受害者。"说得正是我们以上想要教给大家的谈判技巧。

第五章
气场为王，用你的磁场赢得朋友、震撼对手

始终保持一种能给自己正能量的气场，不管是心平气和还是气势宏大，这其中都能转换自如，要能根据对方的情绪变化转换自己的情绪，做谈判中的主动者。

1. 心平气和万事通

【谈判术】

谈判中遇到冲突激烈的话题，首先做的就是让自己冷静下来，思考之后再采取行动，往往会取得好的结果。在平时通过各种途径培养自己心平气和的修养，能够成为你在谈判中的制胜法宝。

现代社会生活的快节奏，要求办事的高效率和高质量，通常使人们在工作中急于求成。这是因为在竞争激烈的现代社会里，充斥着太多的感性因素，影响着人们的思考，随时可能影响到人们的行为。保持内心的平静就变得尤为重要，正所谓心平气和万事通。

在谈判中也是如此，谈判双方往往都会在为自己争取最大的利益，就难免会出现唇枪舌剑、左右冲突。而这是十分不明智的，在激烈的谈判中，双方很容易陷进辩论中导致头脑的不清醒，影响谈判的结果。

而心平气和却往往能使僵持的谈判发生转机，这在以价格为中心的谈判中更为常见。

比如，谈判一方可能会在谈判开始的时候就给出一个价格，“我们的产品在国际上一向也是很畅销的，这是你们知道的，所以，比较合理的价格是每吨350美元，这样我们交货的时间也会快一些。”听到这样的陈述，另一方则会试图搞清楚对方提出这个价格的用意，那接下来的对话就会显示出不同的效果。

如果回答：“听您的意思350美元是最高价，那您觉得什么样的价格才能实现我们的合作呢?”

“你给出的350美元实在是太高了，我们没有办法接受，你必须降价。”

"我们非常荣幸能和贵公司这样有实力的公司合作，不过关于您刚才提到的350美元，应该是最高价格，对吗？"

很显然，前面两种回答是被对方给出的高价格冲昏了头脑，才会出现那种咄咄逼人的问题，这往往会导致对方情绪激动，反唇相讥，价格谈判一不小心就成为了一场激烈的语言冲突，交易流产也很可能。

而最后的回答则显得冷静得多，这是因为谈判人员在突如其来的高价面前保持了从容镇定和心平气和，反而会在谈判中为自己争取有利的形势。

心平气和的心态是一种个人的修养，一个人如果是急脾气的话，很容易在做事的时候头脑发热，遇事易失分寸，这样良好的人际交往也会受到影响。

在三国故事里，庞统投靠刘备，但没有得到重用，被派到耒阳县管理事务。失意的庞统不好好做事，故意拖延，降低工作效率。

后来，张飞恰巧到耒阳县巡视，当他得知庞统不理政事的消息后勃然大怒，立刻命人抓捕庞统。经过孙干一番劝阻，张飞才平静下来，决定考察其中的缘由。

在张飞的要求下，庞统开始处理多日积攒下来的案件。结果，庞统在很短的时间内处理好所有积压的问题，而且结果令各方都很满意。

亲眼见识到庞统的才华，张飞急忙向刘备说明原委。后来，庞统得到重用，在攻取西川的过程中立下了很大功劳。

在这个故事里，正是心平气和帮了张飞的忙，收获了一名人才。可见心平气和的修养能够使人戒骄戒躁，保持平静，进行理性的思考，妥善、圆满地处理事情。那又怎样保证自己能在激烈的谈判工作中保持心平气和的心态呢？那就需要在平时多做能让人心平气和的事情。

（1）多看让你思想上得到平静的书，保持理性的姿态。这些书可以是文学作品，也可以是有关培养人格的书。

（2）多做让你心平气和的活动，让自己压抑的情感平静下来。比如可以在工作之余练习瑜伽，保持自己内心的平静，用平静的心态看待一切事物。

（3）多听让你内心平静的音乐，让自己处于悠闲的状态，钢琴曲的效果不错。

（4）多花时间审视自己的语言和行为，改掉那些令人厌恶、排斥的言行，并且坚持下来，养成习惯。

（5）多开阔心胸，遇事时常开导自己，凡事都要看开一点，对任何事情也不要太执着，要懂得顺其自然。

（6）尝试换个角度看问题，去发现事物不同的一面，这样在谈判中你也会很自如地转换谈判角度。

（7）结交一两个知心朋友，经常向他们倾诉自己的烦恼与忧愁，减轻负面的心理压力。

比能力更重要的是一个人的心理素质！保持心平气和也是一个人心理素质的体现，它甚至决定了一个人在谈判中占据什么位置，因为除了技巧，谈判的胜利绝大部分取决于控制情绪的能力。

2. 用你的人格魅力征服对方

【谈判术】

保持微笑，善于倾听，目光专注，谦虚诚实都是人格魅力的重要方面，注重人格魅力的修养，不仅会使自己的人格得到升华，还能够帮助你用人格完成谈判。

马云，阿里巴巴主要创始人之一，他貌不惊人，却用自己的人格魅力为自己带来了成功。

他可以在6分钟里搞定2000万美元的投资。他可以在互联网尚不繁荣的时期，在没有任何社会资源和政治背景的情况下，使出浑身解数，成功完成人民日报的上网工程。他可以使蔡崇信心甘情愿放弃体面的工作和优厚的薪水，到自己旗下领500元的工资，只凭借他对该行业前景的绘声描述。他可以用不到两个小时的演讲让35名世界一流大学的毕业生向他这个并不起眼的大学的毕业生“俯首称臣”，靠的就是他强大的人格魅力，人格魅力帮他征服了他的谈判对象。

这种人格魅力我们看不到，抓不到，但却在谈判过程中使对方感受到，并实实在在地受到它的影响。

老师将人格魅力作用于学生，可以让学生自发地进行学习，使学生更加出色；领导将人格魅力作用于下属，能让他们心服口服地听从指挥，使自己的团队变得更加优秀；销售人员将人格魅力作用于客户，能让他们相信你的产品会对他们产生帮助，使他们心甘情愿地买你的产品。这就是人格的魅力。

“在别人的影响下生活着，就等于不属于自己，就等于被别人的意志给俘虏了。这样的人即使再优秀，也不会登上一把手的位置。”拿破仑·希尔如是说。

在人际交往过程中，人与人之间不仅仅只是沟通与交流，有时候更加是一种人格的对抗，不是你影响别人，就是别人影响了你。这种影响通常是通过人格魅力实现的。而人格魅力不是说有就有的，是需要你自己不断培养的。

那在谈判中怎样散发你的人格魅力呢？

（1）微笑，自始至终的微笑

俗话说得好，“怒不打笑面脸”，微笑的人遭受拒绝的几率比绷着一张臭脸的人要小很多。不管是面试还是讨价还价，都要随时保持面露微笑。当然，微笑并不是简单的嘴角上翘那么简单，一定要是发自内心的真诚的微笑。而有研究表明露齿微笑的感染效果比抿嘴微笑的感染效果要高近三成。由此可见，无论在何种谈判场合，露齿微笑吧！

（2）作为倾听者要有所回应

在谈判中如果你选择了倾听者的身份，除了认真倾听对方之外，你还要做好随时回应对方的准备。无论是赞成对方时候的点头，还是对方说到精彩地方的微笑，甚至在对方讲到激动时刻的评论，都会让对方产生获得一“知己”的感觉。任何人都更愿意和“了解”的人合作。

（3）目光始终停在对方的三角区

所谓三角区，是以对方的眉心为中心，两颧骨为底角形成的三角形，这个区域被科学家称为“焦点关注区”。在谈判的时候，如果你的目光始终停留在对方的三角区域内，能让对方产生自己被强烈关注，自己是焦点的感觉。这样，会让对方对你好感倍增。

（4）不掩饰自己的错误

人非圣贤，孰能无过，能主动承认错误的人更容易获得别人的信赖。在谈判中，当你在讲话的时候出现了错误，一定要及时纠正自己的错误，不要担心被对方看出来，因为这样，你能够给对方留下谦虚、有礼貌的好印象。

其实，人格魅力的修养并不是一朝一夕的事情，也并不只上述四个方面就可以让你获得完美的人格魅力，还需要你在日常的人际交往中多加注意。

3. 从开心、交心到关心

【谈判术】

一般和客户接触最开始，就要想办法让客户在与自己的交往中保持愉悦的心情，开心了才有机会和对方交心，建立合作的心理基础，今后的客户关心和长久合作则指日可待了。

与客户相识，走到一起，为了一个共同的目标做事，首先，心情的愉悦最重要。心里舒畅了，大家才能交心，建立信任、理解、支持，实现完美的合作。最后，每个人都关心共同的利益和发展，关心彼此的成长，这就是合作的价值所在。

中国人则偏向关怀导向，也就是主管和部属一天里第一次见面，应该是关怀而不是谈工作。大家开心，以后才能更好地交心，再接下来才能关心共同的奋斗目标。处理好与客户的合作关系，务必要掌握这一行动的三部曲。

楚庄王作为春秋五霸之一，能够在众多诸侯中脱颖而出，是与他宽厚对待下属、善于与人交心密不可分的。

有一次，楚庄王大摆宴席，邀请文武大臣参加。酒席宴上，楚庄王一时兴起，让自己宠幸的爱姬为大家敬酒。忽然，一阵大风袭来，把宴会上的蜡烛吹灭了，整个屋子一片昏暗，人群中一阵骚动。

突然，这位爱姬感到一只大手抓住自己的胳膊，不停地往身上摸；她恼羞之余抓到了对方的盔缨，然后走到楚庄王身边，诉说其中的原委，并哭着要求惩罚失礼者。楚庄王思索片刻，下令不要点燃蜡烛，并且让武将都把盔缨折断。

第二天，爱姬还嗔怪楚庄王没有为自己出气，楚庄王却毫不在意地说："酒后失礼，怎么能怪罪呢？这件事就不要再提了。"几年后，楚庄王在一次战斗中被困，一员大将异常勇猛，带领大家突围方才转危为安。楚庄王论功行赏时，这位将军却跪倒谢罪，原来他就是宴会上冒犯楚庄王爱姬的人。

在上面的故事中，楚庄王宴请群臣是君臣同乐，这是开心。下属在酒后调戏楚庄王的姬妾，楚庄王并没有抱怨下属对自己的冒犯，更没有怪罪对方，赢得了下属的感激和忠心，这是交心。日后，楚庄王遇到危难，那名将军挺身而出，这是关心。

开心、交心到关心，不仅是人际交往中交朋友过程的精准概括，也同样适用于谈判中。谈判双方都开心了，才有接下来相互交心的可能，以后遇到问题的时候，关心就是发自内心的了。正所谓从开心开始，和别人交心，就能产生关心，在关键时刻得到他人的帮助和支持。

研究表明，西方人以“事”为中心，所以“控制”的重点在于“计划的执行过程和结果”，大多对“事”而言。而中国人则以“人”为中心，对“人”的控制，因为事在人为，一切事都离不开人。这也是我们强调在谈判中重视“心”的原因。

那在商业谈判中怎样才能一步一步获得客户的信任，获得真心呢？

（1）要真诚对待客户

真诚的人往往更容易获得信任和依赖。在谈判中，要想使客户放下架子，与你打成一片，首先要将你最真诚的一面展现给客户。放下思想包袱，客户才能放心地和你开玩笑，谈到正事的时候才不会躲躲藏藏，愿意将一颗真心交给你，合作成功、愉快，日后的关心自不可少了。

（2）主动为客户提供帮助

这种帮助不仅体现在具体的合作中，比如要配合客户需要提供各种数据、完成合约的拟定，还表现为在客户遇到困难时，要尽量伸出援手，帮助客户渡过难关。这种帮助实际上是一种360度的帮助，你出现在客户生活中的频率高了，你的诚心被客户感知，客户必定感激不已，这就为以后的深度合作埋下了伏笔。

（3）做客户的真心朋友

除了生意上的合作，销售人员还应该学会在生活上关心客户。尤其是当客户向你敞开大门的时候，你可以尽情展示自己为人处世的艺术，让对方认同你、佩服你，从而开开心心做朋友。日后，你才能在关键时刻得到客户的帮助和支持。

（4）适时向客户求助

这里讲的求助，不是让你向客户借钱，也不是随意指使客户，而是在遇到客户也曾碰到的问题的时候，虚心地向客户求教，你的谦虚很容易使客户对你产生好感，这也是在为今后的合作投资。

4. 学会调节自己的心情

【谈判术】

经常自我提醒，时常让自己平静下来，学会全面观察问题，找到释放不良情绪的好方法等等，都可以使你保持一个好的心情，在谈判中也能自如控制自己的情绪，掌控谈判的大局。

生活中难免会遇到不顺心的事情，有些人会勃然大怒，这反而导致问题越来越糟，有些人却能化愤怒为平静，最后顺利地解决问题。可见，在这个每天都很繁忙的社会中，如果能够学会调节自己的心情，始终保持乐观的生活态度，才能灵活自如地应对各种复杂的关系。

好的心情就像是润滑剂，能让你的人际交往更加顺利。在谈判中，面对各种突发状况，如果能迅速调节好自己的心情，始终保持一个积极的心态，这也是我们在谈判中取得胜利的关键。

麦当劳公司创始人雷蒙·克罗克曾说过："我学会了如何不被难题压垮，我不愿意同时为两件事情操心，也不让某个不管多么重要的难题，影响到我的睡眠，因为，我很清楚，如果我不这样做，就无法保持敏捷的思维和清醒的头脑以对付第二天早晨的顾客。"

因此，想要拥有好人缘，以及融洽的关系，你就要善于调节心情、释放不良情绪，保持内心的积极、乐观。这样的人在交往中会带给人最鲜活乐观的一面，所以他们往往给人战无不胜的印象。

而在谈判中如果夹杂着过多的个人情绪可不是什么好事，情绪丰富会使人失去理性的思考和判断，很可能会影响到谈判的结果。

一个年轻人需要更换他的电子记事簿里的电池。他给一家商店（无线电音响城）打电话，那里的店员要了他的电话号码，说会给他回电话。一小时以后，那位店员还没有回复他电话。因为一直没收到回复电话，他很生气，于是就乘公交车去了无线电音响城。

他走近柜台，向两位店员中的一位说要买这种电池。就在离柜台很近的地方，电池很快就被找到了。他就问刚才电话接待他的另外一位店员，为什么没有给他回电话。这个年轻人被告知店里很忙。于是他问那位店员："你会拿销售佣金吗？""当然拿。"店员告诉他。年轻人语气强硬地说道："那么，我希望这些电池能折价卖给我。我要你的佣金。"这两位店员说他们不可能那样做。年轻人提出要见他们的经理。店员告诉他今天经理不在。年轻人又说："那告诉我你们经理的名字。"店员交给他一张经理的名片，他看了看那位没有回复他电话的店员的胸卡，把这位店员的名字写在了名片的背面。年轻人说："我现在不买这些电池了！"说完，他就迅速转身离开了这家商店。

他很生气地又乘车回到公司，拿出电话本想找经理投诉。在黄页里他看到了百思买的电话，这是一家新开的店，就在无线电音响城的对面。这家新店让他忘记了刚才的一切。他浏览了百思买的网站，看到这家店里有他想要的那种锂电池。最后他乘同一路公交车回到刚才那里。最后，他在百思买购买了他需要的那种电池。

是什么让这位年轻人没能在第一家音响城购买到自己需要的电池呢？又为什么他没有在第一家出来后去对面的百思买逛逛呢？很显然，是愤怒和不满的情绪控制了他的思维，他当时的头脑里充斥着向经理投诉那位店员的事情，已经没有心思考虑自己的电池问题了。

可见，带着情绪谈判是影响多么坏的事情。正所谓心态好，运气就好。那怎样学会控制自己的情绪，调节自己的心情呢？

首先，要学会在遇到突发事件的时候保持平静的心情，只有心情平静才能保证头脑的清醒。当你快要愤怒的时候，默默地在心里告诉自己"不要生气"、"你还有更重要的事情要做"，久而久之，你就会养成这个自我提醒的好习惯。

其次，要练习每天结束的时候试图让自己的心情归于平静，试着在每天晚上躺在床上的时候审视今天的自己。你可以学着做深呼吸，在只有自己呼吸声的空间里放空自己，让今天的自己归于一张白纸。

此外，要学会全面观察问题，在谈判中经常会跟对方存在意见分歧，那就要从多个角度、以多种观点审视问题，避免过于偏激的想法，这样得出的判断才是最正确的，才能找到最能说服对方的理由。

最后，人不可能总是保持良好的心情，在遇到不愉快的事情影响到情绪的时候就要寻找方法将不好的情绪发泄出去，可以找人倾诉，可以听音乐，可以看书，可以运动，只要利用我们找到的最佳状态，就要多尝试。

5. 正能量助你获取谈判优势

【谈判术】

巧妙控制自己的情绪，通过情绪的调试，适应不同类型的谈判对象，辅助谈判策略，就会获取绝对的心理优势，在心理上掌控对方，让谈判的方向朝着自己期望的方向发展。

一百多年前，美国的哲学家威廉·詹姆士曾提出一个情绪理论的观点，这个理论中有一个有意思的观点，詹姆士认为情绪是人们观察自己的表情后产生的结果，比如，人们微笑从来不是因为他们快乐，相反，人们感到快乐是因为他们在微笑。

不难看出，情绪和行为是相互影响的，就像情绪的正能量和负能量能够相互转化一样，如果你能够在谈判的时候始终保持自己的情绪正能量，那就能在心理上比你的对手更胜一筹。

正能量说得通俗一些其实就是能够轻松自如地根据对方的情绪变化掌握自己的情绪，用自己的情绪积极地影响对方，让自己成为谈判的主导者。

精明的谈判者都善于在谈判中使用前紧后松的谈判策略，所谓前紧后松就是指在谈判最初阶段，向对方提出尽可能苛刻的条件，并且做出不能让步的样子，造成一种艰苦局面的假象，通常这个时候对方就会产生紧张、焦虑甚至失望的情绪，接下来如果你能做出让步的话，这个时候对方就会有一种放松感，还有可能觉得欣慰和感谢，那么成交的几率也就很大了。

当然，这就是你在谈判中保持自己的正能量的结果，但是这样的谈判策略只能在你处于谈判中的主动一方的时候才可以使用。

还有一种谈判策略叫做欲擒故纵，这样的技巧实际上也是充分发挥你的情绪正能量的很好表现。所谓欲擒故纵就是将自己的需要隐藏，却刺激对方说出他的需求，而自己则装作无所谓的样子。

欲擒故纵的手法是多种多样的，从情绪上看就是绝不过分地忍让和屈从，该硬的时候就硬，该顶的时候就顶。而在谈判日期上尽量让对方来定，显得不急不躁。这样一种似紧不紧的做法，通常会使对方摸不清自己的真实意图。如果对方狂躁，那就放任他的狂躁，你的不慌不忙会为你赢得心理优势，那谈判的天平会不自觉地偏向你这边。

杰克是美国一家靛蓝粉公司的谈判人员，在与日商的一次谈判中，日方见杰克不满30岁，很是轻视。然而几个谈判回合下来，日方却发现年轻的杰克竟然是一个谈判老手，他守着每吨12000美元的价格不让步。虽然日方想尽了办法，但是杰克总能换一个角度，换一种说法守住自己的价格。

无奈，日方只好暂时中止了谈判。虽然杰克公司的谈判极限快到了，他心中很是焦急，可是他却在表面上装出若无其事的样子，他认定了日方会接受自己提出的价格，因为这是日方急需的物品。

在僵持了很多天后，日方终于沉不住气了，主动给杰克打电话约见再谈一次，见面后杰克亮出了自己的底牌："我们公司十分愿意和贵公司合作，这样吧，每吨10800美元！"日方听到这么大的让步乐不可支，当即签订了订货合同。

欲擒故纵的谈判策略就是在谈判的时候采取逆向的行动，给对方传递一个不真实的信息。这样，你就能够很容易地掌握对方的情绪，用自己情绪的正能量拿下谈判。

还有一种充分发挥自己情绪正能量影响谈判对手的方法就是先声夺人法，就是在谈判的开始就利用自己的优势抢占谈判的心理优势，掌握主动权。

但是先声夺人要求谈判者依具体情况随时变通，比如不能在谈判中为了达到目的就过分炫耀自己，这样并不能发挥自己正能量的作用，因为这极易招致对方的反感，刺激对方的抵制心理。

所以在谈判中如何始终保持自己的情绪正能量就成为我们每个人关心的问题。除了掌握一些谈判技巧和拥有较强的心理素质之外，还要学会审时度势，根据时机的不同向对方发起进攻，打对手一个措手不及，才能最大可能地达到自己的目的。

有一点需要注意的就是切记不要在每场谈判中都扮演强势的角色，有时候劣势的地位和姿态能获取对方的同情和怜悯。在遇到自我感觉良好的谈判对象的时候，要适时地将自己"弱"的一面展现给对方，这也不失为一种正能量，因为这样的姿态能够帮你赢得成功。

6. 在气势上压倒对方

【谈判术】

说话、穿着甚至心情都有可能影响你在谈判中的气势，学会先发制人，就要首先学会培养自己的谈判气场。

作为谈判人员，你不得不知道的一个单词词组叫做“power play”，这个单词的意思就是气势的表演，说得更加通俗一些就是在谈判的过程要充分运用自己的气势，首先在气势上压倒对方。气势胜过了对方，你才能成为主宰谈判的那个人。否则，你就只能是被宰割者。

这个道理是很简单的，想象一下为什么学生会害怕老师？除了年龄、经历的因素外，很大程度上取决于老师的气势。老师在学生眼中是气势强大的代名词，学生在老师面前容易恐惧、紧张，这就是气势的威慑力。

在谈判中也是如此，有的时候，单靠语言已经不能达到谈判的目的，那么气势的作用就不可小觑了。

有一位女县长到地方调查一起案件，调查结束后驱车返回市里，不料却在出村的时候遭到了村民的拦截。这些村民是受到鼓动过来向县长索要调查结果的，有的村民甚至在县长的车前摆出了一副绝不放行的架势。

在这么紧张的情况下，女县长知道单纯靠讲道理是没有办法解决问题的。于是她决定用自己的气势将这场滑稽的群众闹事压下来。女县长面对嘈杂的人群，用很大的声音和十分威严的语气说：“我是来执行公务的，这一点你们要清楚！国有国法，村有村规，国家的法律规定不能公开调查结果，你们的要求是不合理的。你们在这里拦车闹事，严重妨碍了我办公，这个责任，你们中的谁能承担？”

正是这一席话，使女县长迅速地控制了现场的混乱局面，顺利地离开了，化解了一场潜在的群众闹事事件。

不难看出，在这场谈判中，女县长并没有用多么巧妙的谈判语言就取得了谈判的胜利，恰恰是强大的气势使她在谈判中处于主动有利的地位，在气势上压倒了对方，使她的谈判对象感到震撼。此时对方还处于思维紧张的状态下，很容易就接受了你提出的谈判条件。

推销工作也是一样的道理。在推销过程中，在未能吸引准客户的注意力之前，推销员都是被动的。当你的客户越冷淡的时候，你就越以明朗、动人的笑声对待他，这样一来，你在气势上就会居于优势，也就很容易击败对方，说服客户购买你的产品。

世界著名的销售大师原一平就能根据客户的不同性格巧妙地在气势上压倒对方，取得谈判的主动权。

有一次，原一平去拜访一位性格孤傲的Y先生。由于他性格古怪，所以尽管原一平已访问了3次，并不断地更换话题，可是Y先生仍然毫无兴趣，反应冷冰冰的。

到了第3次拜访，原一平觉得有点不耐烦，所以讲话速度快起来。Y先生大概因为他讲得太快，没听清楚。

他问道："你说什么？"

原一平回了句："您好粗心。"

Y先生本来脸对着墙，听到这一句之后，立刻转回身来，面对着原一平。

"什么！你说我粗心，那你来拜访我这位粗心的人干什么呢？"

"别生气！我只不过跟您开个玩笑罢了，千万不能当真啊！"

"我并没有生气，但是你竟然骂我是个傻瓜"。

"唉，我怎么敢骂您是傻瓜呢？只因为您一直不理我，所以才跟您开一个玩笑，说您粗心而已。"

"伶牙俐齿，够缺德的了。"

“哈哈哈！”

虽然气势强大可以帮你取得谈判的主动，但是在销售中的危险性却很大，除非有十足的把握，否则最好不要轻易使用。因为过于强大的气势容易伤害对方的自尊心，使对方失去继续和你谈判的兴趣，最后导致满盘皆输。

谈判对象不一，怎样保证在谈判中始终保持自己的气势呢？如果是和自己实力差不多的对手，那就要在谈判的时候仔细观察对方的表情、服装等，从中找出缺点，以此在心理上壮大自己的信心，提升自己的气势。

此外，还有很多方法帮你在气势上压倒对方，比如开口说话声音洪亮，就不会在谈判中怯场；在穿着上干净体面也会使自己信心大增；如果遇到了不愉快的事情，千万要马上调整自己的心态，保证自己的心情愉快，不要影响自己的气场。

实际上，对自己气势的把握也就是对自己情绪的把握，情绪控制好了，才能在细节上下工夫，提升自己的气势。归根结底，要学会掌控自己的情绪，才能做到在气势上压倒你的对手，将谈判的局面掌握在自己的手里。

7. 把对方的秘书变成帮手

【谈判术】

这里要告诉你的就是万不可忽视对方的秘书，忘记做讨好秘书的功课必然在谈判中吃大亏。所以，赶紧补上这一课吧！

在我国历史上有这样一个奇怪的现象，不少朝代都是由于外戚和宦官相互勾结导致国家灭亡的。这是一个有意思的现象，只要宦官参与到皇位的争夺上，出现变故的可能性就很大。

其实这其中很重要的一个原因就是宦官，也就是我们平时所说的太监，他们的一些人有比嫔妃更多的时间和皇帝相伴，在无形中，他们就成为了皇帝最亲近的人，对于那些觊觎皇位的人来说，搞定了皇帝身边的太监就是一个屁股坐到了皇位上。

在谈判中也存在扮演宦官类似角色的人，那就是谈判对象的秘书。同样的道理，将对方的秘书发展成为“自己人”，那谈判岂不是顺利多了？这就是曲径通幽的谈判策略。

在童话故事中，狡猾的狼是很善于运用这种曲径通幽的妙法的。

在森林里，动物们每年都会向狮子进贡，因为狮子的强大，动物们谁都不敢怠慢。

但是狼却独有一套自己的方法，虽然它每次进贡的东西是最少的，但是却总能得到最多的表演。羊进贡的东西是最多的，却经常遭受惩罚。羊很困惑，跑去问狼是什么原因。

狼听了羊的问题阴笑道：“这一切你去问狮子的参谋狐狸就知道了，因为每次我进贡之前都先送一只鸡给它，它就每次都在狮子面前说我的好话。而你每次进贡时，你都没给狐狸带一点东西，它就在狮子面前说你的坏话。”

从这个小童话故事中我们就很容易看出，狐狸是扮演了把关者的身份，它想让狮子听到什么样的话，狮子就会听到什么样的话，讨好了狐狸就是间接讨好了狮子。

而在我们的谈判工作中，秘书就扮演着狐狸的角色，是作为谈判人员的你万万不能得罪的人。要想顺利见到你的谈判对象，最先要通过的就是秘书这一关，可以说，在某些时刻，秘书是比经理还要重要的人。如果能够得到秘书的帮助，那么无异于为你的谈判搭了一座坚固的桥梁。

众所周知，经理的秘书大都是女性，那怎样获得对方秘书的帮助就转换成另外一个问题了，那就是怎样讨好女性。

其实，女人是一种很简单的生物，之所以说简单，是因为女人是很感性的，只要让女人感到心情愉快的话，很容易让她帮你达到目的。

有个日本人辞职去美国做生意，他穿上日本传统服装，来到纽约，打着“东洋神秘”的招牌，到处为人看相算卦，以此糊口。然而在纽约他总是见不到任何一家公司的总经理，因为每次都被秘书小姐挡驾了。

“事先打招呼了吗?”

“没有。”

“没有预约不能见总经理。”

每次就这样被拒绝。他绞尽脑汁，思索着讨好秘书小姐的方法。因为如果再不成功，他的生活就将成问题。

这一天，他又被秘书小姐拒绝了，可是他并不灰心。

“小姐，我给你带来了东方的神秘，我可以立刻算出你的烦恼，我今天免费为你看相。我想你现在正为男友而烦恼是不是?”

就这么一句话，使她大为惊异，立刻对这位知晓她命运的人肃然起敬。她的心情也随之好多了。

“哦！请等一下。”说着，她便马上告知总经理，给了他和总经理面谈的机会。

为什么这位日本人能够得到见总经理的机会？就是因为他成功地讨好了总经理的女秘书，为女秘书解除了烦恼，带去了愉快的心情，秘书小姐自然愿意帮忙。因此，在生活中接近对方的秘书的方法很多，你可以选择使用以下几种方法：

（1）夸赞法

任何一个女人都喜欢别人的恭维，无论是来自异性的还是同性的。在见到经理秘书的时候，适时地恭维几句，比如“你今天的妆实在是太漂亮了”、“你的衣服是哪里买的，真好看，我也要为我女朋友买一件”等等，无论是从衣着还是外貌上的夸赞都会很奏效。

（2）礼物法

有一种说法叫做女人永远无法拒绝别人送给他的礼物。任何一个女人都喜欢别人为了讨好自己送上的礼物，你可以针对秘书在工作中的需要为对方的秘书送上贴心的小礼物，正所谓不打有礼人，相信她会很愿意帮忙的。

（3）迂回法

在遭到秘书的拒绝的时候，不是马上离开，而是留下和秘书聊会儿天，可以为秘书留下一瓶口香糖，或者是一盒润喉片，再或者是一盒巧克力，等等，总之就是一些小恩小惠的东西。这对于细心的女人来说很受用。

8. 大气场者都是“愚者”

【谈判术】

修炼强大的气场，从使自己成为“愚”者开始，万事留有一点余地，万事装一点糊涂，是给对方机会，也是给自己时间。

老子说：“众人皆有余，而我独若遗。我愚人之心也哉！俗人昭昭，我独昏昏；俗人察察，我独闷闷。忽兮若海，漂兮若无所止。众人皆有以，我独顽似鄙。我独异于人，而贵食母。”意思是说众人都有多余的东西，唯独我好像不足。我有一颗愚人的心啊！世人都清楚明白，我独糊里糊涂；世人都苛刻计较，我独闷闷不语。辽阔深广啊，心胸好像大海，自由奔放啊，心灵像风一样飘忽不定。众人都有所作为，唯独我却愚笨鄙陋。我唯独与众人不同，而重视用道来滋养自己。

老子这段话讲的就是大智若愚的智慧。而往往气场强大的人在外表看起来并不是多么精明的，也就是大智若愚的。因为真正聪明的人往往都会选择做一个“傻人”，这样在谈判中他就可以很好地保护自己，也能在愚中更好地观察形势，让自己的气场控制局面。

生活中常常有些人，无理争三分，得理不让人，小肚鸡肠。相反，有些人真理在握，不吭不响，得理也让人三分，显得绰约柔顺，君子风度。两者相比较，高下立现，不是因为你不够聪明，实在是因为你不够“愚”。

做一个“愚”民，会让大家觉得你亲近友好。因为即使是再聪明的人也有可能“聪明反被聪明误”，最终脱离大众，遭人嫉恨。大气场，不是靠你的聪明才智学来的，也不是靠你和别人的争论处于优势中赢过来的，大气场，更多的时候，是“愚”出来的。

曹睿死的时候，让司马懿和曹爽共同辅佐年幼的太子，司马懿是三朝重臣，很有谋略。司马懿和曹爽都是野心勃勃，但是司马懿是大智若愚，故意装糊涂，并且称病在家。

曹爽虽然已经大权在握，但是对司马懿还是放心不下，于是派心腹李胜去打探消息。他到了司马懿家里后，便在客厅等候，下人便去叫司马懿，但是他坐了很久，也没有见到司马懿。

过了一会儿，他突然听到了很重的喘息声，两个侍女架着司马懿慢慢地走出来。李胜连忙站起来请安，看司马懿的样子真是衣冠不整，毫无生气，命不久矣。

司马懿的儿子司马昭对李胜说：“李大人免礼罢，家父身体难支，但还是坚持要换上正式的衣服面见大人的好。”然后司马懿在侍女的侍候下开始穿起衣服来，可是穿了好久都没有穿上。

李胜看见司马懿这样，便说道：“大家都说太傅您中风病复发了，我以为只是小病，没想到这样严重。”“我老了，不行了，没有几日可以活了，你今天来，我很高兴，希望以后你能多照顾照顾我的两个儿子啊。”李胜说道：“太傅肯定会康复的。今日我来，是向您辞行的，我要去荆州赴任了。”

司马懿故意大声说道：“什么？你要去并州？”

“不是并州，是荆州！”

“哦，你去过荆州啊，荆州可好？”

李胜一看，发现司马懿耳朵都听不清了，便早早结束谈话，告辞了。他刚走出去，司马懿便站起身来，与他的儿子哈哈大笑。司马懿正是这大智若愚的表现，才骗过了好多人，最终司马家窃取了曹氏江山。

在谈判中也可以装傻，但装傻不是真傻，装愚不是真愚，反而是智的表现。司马懿装病在家不与曹爽争权，看似傻，实际上却是大智大慧，是为他今后获得更大的权力做准备。

在谈判中想要拥有强大的气场并不是要把对方的风头全部压下去，而是在谈判中掌握整个局势，让你的对手相信你的话，而拥有大气场的人都是“愚”者。

谈判中装傻装愚大多时候是为了更好的保全自己，从而可以更真实地观察对方，伺机而动，瞅准时机，在对方防备最松懈的时候送上致命的一击，获取胜利。

如果老是锋芒毕露，功高盖主而不知收敛，那么就离死期也不远了。这样的你在谈判中可以说是毫无气场可言，容易招致对方的厌恶，在对方抵触的情绪下有何谈判胜利的可能性可言呢？

做人，本来就应该“愚”一点的，越“愚”的人才会在处理事情上越聪明，越“愚”的人气场才能修炼得越强大。这里说的“愚”并不是真的“愚”，而是大智慧。

常言说难得糊涂，有的时候糊涂一次，可以让你的生活变得更加美好。糊涂一点，可让你的谈判空间更加自如，更加便于掌控。由此可见，糊涂有什么不好呢？做一个拥有强大气场的大“愚”者又有什么不好呢？

第六章
讨价还价，博弈中看谁更有忍耐力

筹码是谈判中最敏感的部分，价格谈妥意味着谈判的成功，无论是软磨硬泡的功底，还是死撑到底的魄力，都是利益谈判中必备的。

1. 读懂谈判桌上的众生相

【谈判术】

强硬？倔强？狡猾？人各不同，在谈判中不断积累不同对手的特点，就能快速读懂众多对手，总结对付不同对手的策略，“因材施教”，这将成为你谈判制胜的关键所在。

每次谈判中你遇到的人都是相同的吗？回答必然是否定的。不同的人具有不同的特点，这就需要在谈判桌上的时候读懂你的对手。

在生意交往中，往往会碰到这样一些人，或倚仗于强大的经济实力，高高在上，盛气凌人，好像没有丝毫商量的余地；或有众多的客户可供选择，而悠然自得，看鱼蚌相争坐收渔利；或掌握着关键的商业机密，待价而沽，牟取暴利；或久经沙场，老谋深算，故意要弄威风，令对手误入陷阱。

面对这些风格迥异，情况不同的对手，稍有不慎，不仅生意难成，反会落下无限的懊恼与悔恨。因此，探索与不同对手交锋并从中取胜的方法，必定会使你在谈判桌上迅速看出对方的真实嘴脸。事实上，对手种类千千万，只有在最短的时间内读懂对方，才能用不同的策略进行谈判。

(1) 对于急于求成的对手

这样的人在谈判中往往喜欢利用自己的权力力求快速完成谈判，不喜欢拖沓、延误，做事雷厉风行，奉行果断的原则，决策也比较迅速。

这类人很容易分辨出来。他们通常说话较快，喜欢在一开始就亮出自己的要求和底线，而逼迫对方做出选择。他们不喜欢别人对自己的观点指手画脚，认定了自己的决定，就会反复将想法表达出来。

在面对这类人的时候，你需要做的就是等待，认真听他的所有条件和要求，并在大脑中快速运转寻找谈判的突破口，在他略作思考的时候，将自己的方案全盘托出。这样做的好处就是，打对方一个措手不及。他虽然说得多，但却难免不够严密，这就要看你找毛病的本事了。

（2）对于强硬攻击型的对手

这样的对手要么会在谈判的时候一口拒绝你，要么会在谈判中一再提出要求，甚至是难以接受的条件。看似谈判却处处给你上枷锁。打个比方：

你的孩子摔了一跤，摔破了额头，你把他送到了最近医院的急诊处，医生简单地缝了三针，上了绷带，就让你们回去了。几天后你收到账单大吃一惊，虽然你知道看病越来越贵，却想不到在孩子的额头上缝两三针，只不过是几分钟的处理工作，竟然会这么昂贵。

这就好比在谈判中遇到了攻击型的对手，他主动向你提出几乎不可能被你接受的条件，虽然大多数的人会抱怨医院开出这样的账单简直就是强盗行为，但最后还是照付账单。

那么在面对这类对手的时候要采取怎样的谈判策略呢？强硬型的人一向会认为自己的想法是绝对正确的，那么你就要在谈判中抓住对方的弱点进行攻击，并且在攻击中毫不留情面。这样做是有很大风险的，一种结果是对方被你的淫威吓到，最后乖乖接受你的条件。还有一种结果就是顽强地与你死磕到底，这就是比谁的理由更有说服力了。

（3）对于老实本分却倔强无比的对手

如果在谈判中遇到老实本分的谈判者，那真是你的幸运。老实的人在谈判中恪守原则，不会人身攻击，只会按照上级交给的任务循规蹈矩地完成。如果你在谈判中提出了他不能接受的条件，一般也不会遭到他直接的拒绝，而是会看到他纠结、痛苦的表情，这是他心理挣扎的表现。但他们绝不轻易改变自己的初衷。

面对这样的对手，最重要的一点就是始终保持热情主动，关心对方，用至诚至情来从内心深处打动对方，使对方从内心动容，才有改变策略的可能性。另外你可以从全方位展现自己的诚实，如实地将自己的情况告诉对方，这样比较容易获得对方的信任。

（4）对于团结型的对手

这样的对手通常不是一个人在谈判，而是一个谈判团队，每一次的谈判都是他们的一次团体行动，这样的队伍很容易就能看出各人负责哪一个项目的谈判。一般情况下，他们会派出一个强硬的谈判者出面来指责你的不是，接着会派出温和的谈判者出来表示与你站在同一个战线，这就是“黑白”搭配的谈判组合。

在面对这样的谈判对手之时，首先要树立自己的谈判信心，不能因为我方比对方人少而输掉气势。而应该在谈判中认真倾听对方的要求，在轮到自己发表观点的时候，要尽量全面合理，不给对方唱戏的机会。

2. 掌握讨价还价的策略

【谈判术】

给出价格，讲究数字，在讨价还价的过程中注意观察对方的情绪，见好就收，不卑不亢，争取拿到自己满意的价格。

生活中，你肯定买过东西。那有没有过讨价还价的经历呢？相信大多数人的回答是肯定的。

讨价还价也是一门学问，能不能把对方的价格压低也是一种本事，这无疑将助你在谈判中争取到最大的利益。

相信很多的谈判人员都有相同的感受，在谈判中最敏感的问题就是价格问题了。前面的谈判进行得都很愉快，可偏偏到了价格部分谈判气氛就突然变得紧张起来。因此，讨价还价也是一种谈判的艺术。

事实上，价格谈判包括报价、讨价、还价和让价。价格的高低关系到谈判双方的切实利益，而价格是在多种因素中形成的，做好价格谈判的准备工作，是实现你的最高谈判目标的关键所在。

A公司是做设备更新的，又获悉B公司想要购买一套先进的设备，便派一名高级工程师与之谈判。为了不负使命，这位高级工程师做了充分的准备工作。谈判开始，他根据行情提出24万元的价格。B公司负责人员表示价格太高，不能接受。所以紧接着他又列出同行其他公司的报价，以示本公司给出的报价已经很低了。B公司还是觉得价钱太高，希望A公司有所降价。

这位工程师聪明地把问题扔回去："您觉得多少合适呢？"对方提出20万。为表诚意，工程师表示愿意降价1万，同时说明不能再降了。这时他细心地观察到B公司的谈判人员一瞬间的眼神交流，心想：成了，但是B公司肯定还会试探。

果然，B公司仍然表示不满意价格。这时工程师心里已经有了9成的把握，所以他坚定而又不失礼貌地说："这已经是本公司能给出的最低价格了，若贵公司觉得不妥，可以看看其他公司，没有关系的，下次有机会我们还可以合作。"最终他成功的以超出预计2万元的价格拿下了这笔订单。

不难看出，谈判中的讨价还价不是盲目地漫天要价就地还钱，而是有策略可讲的。上面提到的这位工程师就是使用了讨价还价的好策略，将确定价格的权力交给了对方，自己负责在博弈中做允许范围内的降价，最后拿到了一笔大单。

所以说，在谈判过程的"大赢家"总是能灵活地选择对己方有利的策略和行动，在双赢的前提下为己方谋取更多的利益。

讨价还价是一场心理战，更是一门技术活。掌握讨价还价的各类技巧和策略，有益于为自己在各种谈判中赢得有利地位，同时对于实现自己利益的最大化也有着极其重要的作用。

报价的时候你可以尽可能地多报数字，这样就会给对方留下一个诚信的印象，因为越多的数字越容易让对方相信你是为了这次谈判做了充分准备的，不是漫天要价，而是有据可依的。你可以采取给对方一个报价表的策略，这样的表格会使你的对手眼前一片黑，失去和你一项一项讨价还价的耐心和兴趣，那主动权就掌握在你的手中了。

另外开始报价的时候一定要高，才会给自己留有最大的砍价余地，但一定要有根据，万万不可吞吞吐吐、欲言又止，这样容易让对方产生怀疑，没有了信任的基础，也就失去了继续谈判的可能。

在讨价还价的过程中还要注意以下几点：

（1）不能太明显地表现出自己的内心

即使是听到了对你很有吸引力的价格，也要佯装震惊或者沉默数秒，因为如果你不表示为难，很容易让对方产生给价过高的感觉，很可能生意告吹。

（2）见好就收

如果谈判中对方主动做出了一些让步，打开了谈判的僵局，一定要见好就收，过于贪心只会使交易失败。

（3）注意对方的情绪和表情变化，打一场成功的心理战

比如说在提出自己的价格的时候对方能不能接受、对方是否想要再降价还是试探性询问等等，这些问题都会在客户的表情上有所表现，在观察分析后要迅速作出决定，不能优柔寡断，留给对方反悔的余地。

（4）要适时的做出让步

价格让步的理想形式就是不能一次降到底，而是一次做出一点让步，给对方一种你的退让也是很艰难的感觉。并且，每次的让步都要表现出一定的诚意，给对方一定的优惠同时要做到保全顾客面子等。

3. 软磨硬泡，死缠到底

【谈判术】

反复，长时间，频率高，获取同情等，都是软磨硬泡的好方法，熟练掌握，多加练习，你持久的耐心会给你带来意外的惊喜。

锲而不舍，死缠到底？

实际上，这个方法也同样适用于谈判。很多谈判人员都有过类似的经历，一单生意，当它没有那么容易拿下的时候，一定要有足够的耐心和对方打周旋战，这就是“软磨硬泡”的本领。当然，这里说的软磨硬泡并不是死皮赖脸，蛮不讲理的纠缠只会招来厌恶，软磨硬泡也是讲究策略的。

那么，在谈判中怎样巧妙地运用软磨硬泡的本领，达到你的目的呢？

长时间地周旋。这是软磨硬泡的一贯战术，故意拉长每个谈判部分的时间和内容，当然配合反复地陈述己方的观点。这样，会使对方承受身体和精神上的双重折磨，在对方显示出疲劳的迹象的时候，就是你出手的最好时机。

1946 年的 4 月，土光敏夫被推举为石心岛芝浦透平公司的总经理，当时日本大战刚刚结束，财政困难，百姓生计窘迫，企业的发展更是困难重重，其中最大的困难就是筹措资金。即使是著名的大企业，资金也是相当紧缺，更何况是芝浦透平这样没有什么背景的小公司，更是没有哪家银行愿意痛快地把钱贷给它了。土光刚刚上任不久，生产资金的来源就搁浅了。为了筹措资金，土光不得不每天都走访多家银行，希望能筹到资金。

有一天，土光端着饭盒就来到了第一银行的总行，与营业部部长长谷川商议贷款的事。土光一上来就摆出一副不达目的誓不罢休的气势。长谷川则装出一副爱莫能助的模样。两个人你来我往，谈判丝毫没有进展，半天下来也没有任何结果。

时间过得很快，眼看就到了吃午饭的时间，土光早就饿了，一看到疲倦的长谷川心早就溜走的样子，土光反而拿出饭盒，慢条斯理地说："哦，到了吃中饭的时间，这样吧，让我们边吃边聊吧，谈到天亮也没问题。"说着就把企划案翻到了第一页，准备再谈一遍，就是不让长谷和营业员走开。最后，长谷川只好服输，最终贷给了他所希望的款项。

后来，为了使政府机构能给机械制造业支付补助金，土光又以同样的方式向政府开展申诉活动，最后一样取得了成功。

土光运用自己的厚脸皮，表面上看似无理的软磨硬泡却包含着策略，他用反复地陈述和打长久战的气势吓倒了对方，疲劳的对手只好作出了让步。

此外，你还可以采取以下策略：

(1) 制造无动于衷的假象

当对方提出不同的立场、方案甚至表示否定态度的时候，你可以选择无动于衷，毫不退让。因为表面上的无动于衷最让人没办法，没有进一步的沟通是不能解决问题的。所以你只等待对方做出让步的时候，再重申自己的态度和条件，成功的几率会很大。

(2) 轮番轰炸形成重压

商场强手是不会初次面对你的言辞就那么轻易被你拿下的，这个时候就需要你针对几个问题，轮番进行讨论，使对手做出退让。

(3) 不失时机地获取对方的同情也是软磨硬泡的好方法

如果是推销员推销产品，很可能遭到客户的拒绝。但是如果你锲而不舍，隔一段时间就“打扰”一次，当客户看到大汗淋淋的推销员的时候，会感觉不买下这个产品的话会很过意不去。甚至雨雪天气也是上门推销的好时机。外面下着雨，别人都躲在家里，只有推销员还为了自己的业绩到处奔波，虽然有时候客户知道这不过是销售人员使用的策略而已，但却很难保持无动于衷。

（4）高频率出现打动客户

常言道，“人情卖给熟面孔”。给不给面子往往是熟人之间的事情。因为陌生人根本没有面子问题。俗话说一回生两回熟，只要能打开突破口，和你的对手拉上关系，就丝毫不能放松。接下来你需要做的就是接二连三地贴上去，贴上去，日久天长，双方的关系就有点扯不清了。这个时候再谈生意，是有人情在的。

对一名成功的推销员来说，经常到主顾家中去，就是被认为是与主顾熟悉的要诀。尤其是“我到附近来办事，顺便来看看你”的说法，更容易让对方接受，并且心生好感。留下了好的印象，下次再推销的时候他就很难驳你的人情了。

4．底牌只会在最后一刻掀开

【谈判术】

守住，守住，誓死守住！守住自己的底牌，你才会在谈判中争取到尽可能大的主动权和主导权。

《道德经》里有一句话：“鱼不可脱于渊，国之利器不可以示人。”讲的就是鱼儿不能离开水，国家的终极武器是不能告诉别人的。鱼离开水的话就会死亡，轻易地炫耀自己国家最强的东西就容易暴露自己的弱点，遭受致命的打击。

拿出自己的全部家当向别人炫耀甚至和别人攀比都是极其愚蠢的做法，主动将自己的底牌翻给对方看，不是间接告诉对方杀掉自己的方法吗？

因此说，任何情况下，哪怕被对手逼到了山穷水尽的地步也不能亮出自己的底牌，要克制住自己，城府要深，有所保留的谈判才是真正的智者。

但在谈判的时候，很多人都会犯的一个错误就是太急于求成，这样的后果就是容易沉不住气，全盘亮出自己的底牌的可能性很大，结果局势完全被对方掌控，丧失了主动权，决定权也跑到对方那里了。

有一名房地产销售人员承担了一项很是艰巨的任务，他所销售的那块土地尽管交通便利，距离城区也很近，但是有一个致命的缺点，就是临近一家木材加工厂，而且电动锯木机的噪音非常大，但也远没有达到让人无法忍受的地步。

刚好一位客户想要买一块土地，他所要求的价格、标准以及地理位置都和这块土地契合度很高，并且这位客户当时也住在一家工厂附近，噪音整体不绝于耳，可以说习惯了噪音的骚扰。销售人员很快联系了这位客户，对方也表现出了很大的兴趣，要求面谈。

见面后，销售人员还没听客户的要求，上来就介绍起来："这块土地位置优越，交通便利，比附近的土地价格都便宜很多。当然，便宜也是有原因的，它唯一的小小的不足就是紧邻一家木材加工厂，噪音比较大。如果您能容忍噪音的话，那它的价格标准和您希望的非常相符。"还没等销售人员介绍完，客户就开始摇头了："那不太好，我早就饱受噪音之苦太久了，我想要一个清静的环境。"

"实际上，噪音也没有你想的那么大。"销售人员急忙补充。

然而为时已晚，“不好意思，我不会考虑这种地方的。”客户一口回绝了。结果这单生意没做成。

事实上，这位房产销售员就是过早地亮出了自己的底牌，将自己的全部信息毫无保留地透露给了对方，这样做的直接后果就是当客户提出否定意见的时候，已经完全没有了回旋的余地。

作为销售人员，在了解客户的同时还有一项重要的工作需要做，就是在不构成对客户欺骗的前提下，保守一些秘密，不要泄露或者过早泄露，以免客户知道自己的全部实力使自己处于被动的境地。

这种策略不仅是在销售中，任何谈判都是如此，谁先亮出底牌就等于把自己逼到了最被动的地位。因为你的暴露会使对方快速更换其准备好的谈判策略，制定出对他最有利的策略。

如果你亮出了底牌，就是自己将自己的退路斩断了。对方知道了你的全部，会借此机会提出很多苛刻的条件，你在失去了主动权的情况下是无法摆脱被对方牵着鼻子走的命运的，只能是被对方玩弄于股掌之间了。这个时候的你就是那个不得不做出让步的角色了，最后达成的结果也是和自己的预期相去甚远的。

另外，如果你和你的谈判对手互不了解，而对方却在一开始的时候就不断探听你的“底牌”，这个时候的你如果上了对方的套，那就等于是缴械投降了。而如果你实力雄厚，认为自己在这场谈判中占有绝对的优势，并且有十足的把握可以使谈判朝着你的预期发展的话，亮出自己的底牌也无妨。

但是，有一点是我们不得不注意的。商场瞬息万变，谁都不敢保证自己永远在谈判中处于绝对的优势地位，主导每一场谈判，任何细微的变化都有可能使你一败涂地。所以，无论是在何种情况下，还是不要轻易亮出自己的底牌才是最最保险的方法。

想要在谈判中守住自己的底牌，有几招是不得不用的。

第一，关键问题上等待对方先开口，自己绝不主动提。

第二，学会打太极，可以说自己不能做主，要询问委托人，把责任推给并不存在的“第三人”。

第三，可以首先提出一个条件，但这个条件一定要比自己的预期苛刻。

5. 用把柄牵制谈判对手

【谈判术】

寻找把柄，制造把柄，抓住了对方的把柄，就能在谈判中占据更有利的位置。在价格谈判中也就更敢于守住自己的条件。

把柄，在中华词典中的解释是“物体上可以握住的把手，也比喻可以被人用来要挟和攻击的短处”。正所谓“抓刀要抓刀柄，制人要拿把柄”，因为刀有柄，人亦有柄。如果被别人抓住了自己小辫子，也就是把柄，那就等于不得不屈从于对方。

既然抓住人的把柄有这么大的功效，那在谈判中岂不是抓住了对方的把柄谈判的胜算就越大吗？那么，怎样才能抓住对方的把柄，让对方乖乖就范呢？

汉代的朱博本是一介武夫，后来调任冯翌做地方官，利用一些巧妙的手段，制服了地方上的恶势力，被人们传为美谈。

在长陵一带，有个大户人家出身的名叫尚方禁的人，年轻的时候曾经强奸别人的妻子，被人用刀砍伤了面颊。如此恶棍，本应该重重惩罚，只因为他大大地贿赂了官府的功曹，没有被革职查办，最后还被升调为守尉。

朱博上任后，有人向他告发了此事。朱博觉得太岂有此理了！就叫手下传唤尚方禁。尚方禁心中七上八下，硬着头皮来见朱博。朱博仔细看尚方禁的脸，果然发现了伤痕。就将左右退开，假装十分关心地询问究竟。

尚方禁做贼心虚，知道朱博已经了解了他的情况，就像小鸡啄米似的赶紧接连给朱博叩头，如实地将事情的经过全部告诉了朱博。期间头也不敢抬一下，只是一个劲儿地哀求："请大人恕罪，小人今后再也不干那种伤天害理的事情了。"

"哈哈哈哈……"朱博突然大笑道，"男子汉大丈夫，本来就难免发生这种事情的。本官为你雪耻，给你一个立功赎罪的机会，你能为我效力吗?"

尚方禁一听有这样的好事自然愿意，于是朱博命令尚方禁不得向任何人泄露今天的谈话内容，让他有机会就记录一些其他官员的言论，并且及时向朱博汇报。由此，尚方禁成为了朱博的亲信、耳目。

自从被朱博宽大处理并且得到重用后，尚方禁对朱博的大恩大德时刻铭记在心，所以干起事来也特别勤快。不就，就帮助朱博破获了很多盗窃、强奸等犯罪活动。工作十分见成效，地方治安情况有了很大的改善。朱博提升他为连守县县令。

在这个故事中，尚方禁之所以心甘情愿并且忠心耿耿地为朱博效力，最根本和主要的原因就是有把柄抓在了朱博的手里。朱博在谈话中很好地抓住了尚方禁的把柄，尚方禁不得不唯命是从了。

所谓抓住对方的把柄实际上也就是抓住对方的弱点，每个人都是有弱点的，把对手的弱点利用好了就是很好的把柄了。

对于性格急躁的人使用激将法效果最佳，因为这类人最禁不住"激"，有时候连他的兴趣爱好都可以被用来"激"起他的欲望。只要是用他最喜欢或者最忌讳的东西诱惑或者打击他，他必定会掉进你设计的圈套。

当然，有些把柄不是做功课准备出来的，而是在谈判中无意间流露出来的。比如辩论中的口误，在谈判中对手由于情绪或者性格的原因也会有思想混乱的时候，这个时候就要及时抓住对方的把柄。当然没有把柄，也可以发挥你自己的本事创造把柄，“安”到他身上，相信他自己也会混乱的。

制造把柄，实际上就是有意识地“打草惊蛇”。

唐朝有个县令，名字叫王鲁，自从就任以来就暗中贪污受贿。手下也跟着效法，索取贿赂，百姓们怨声载道，苦不堪言。有一天，王鲁得知上司要来察访民情，肃整吏治，不禁担忧起自己头上的乌纱帽来。他在批阅公文的时候，正好看到本县百姓联名告发他手下主簿受贿的一叠状子，更是神情恍惚。忧虑中，他不由自主地在一张状子上批下“汝虽打草，吾已惊蛇”八个红字，流露出唯恐主簿被告发而牵连到自己的恐惧之情。

或许百姓们不敢直接告这位县令，而从这位主簿动手，却起到了打草惊蛇的目的。这其实告诉我们一个道理，有意识地打草惊蛇甚至可以使对方惊慌失措，答应你的所有要求。

所以，在谈判中可以把自己知道的一部分信息有意识地透露给对方，来一个“打草惊蛇”，或许会有意外的收获。

6. 拖延时间，争取有利时机

【谈判术】

经济时代，时间就是金钱，时间就是一切，抓住了时间就等于抓住了机会，在谈判的时候不失时机地拖延时间，会为你争取到更好的机会。

你在生活中有没有这样一种经历。购买一样东西，在价格上始终没有达成共识，如果这个时候你装作若无其事地和卖家闲聊起来的话，他就会着急，因为他不知道你还会不会买他的东西，而真的就是聊起天来。

在这个时候，如果你突然来一句："老板，你看咱们聊得这么开心，肯定是特别有缘，你就再给我便宜一点吧？"相信成交的几率会很大。

这就是拖延时间的妙处。拖延时间可以使你有机会等待最佳时机出现，有些问题解决的时间不同，取得的效果也是不一样的，只有在最佳的时机里才能花最小的代价，一举拿下对手。

柯南道尔是《福尔摩斯探案集》的作者，生性固执，在写完探案集第四卷后，执意不肯再写，用实际行动，让笔下的福尔摩斯与罪犯莫里亚蒂教授同坠深谷，"一了百了"了。

柯氏的出版商梅斯是个精明人，知道柯氏只是厌倦了这种通俗文学的写作，对于这个给作者带来过巨大声誉和利益的福尔摩斯，柯氏还是情有独钟的。于是梅斯一面牢牢抓住版权代理不放，同时拼命作柯氏的工作，不时向他透露福尔摩斯迷们的种种惋惜不满之情；同时又许以一个故事一千镑的优厚稿酬。双管齐下，一年以后果然有了成果，柯南道尔又重新执笔，让福尔摩斯从峡谷里爬了出来，再演出一段段精彩的探案故事。

试想，如果当时梅斯不是给对方一段缓冲时间，而是心急火燎，不断催逼，恐怕侦探文学史上将会失去一颗亮丽的巨星。

梅斯就是很好地使用了拖延战术，在最有利的时机向柯氏提出自己的请求。他了解道尔的性格，所以等待最佳的时机说服他，成功的几率也就大了很多。

其实，使用拖延时间的战术最大的目的就是消磨对方的意志，尤其是在价格谈判中，谁更能坚持，谁最有忍耐力，谁就能获得更大的利益优势。

人的意志就好比是一块钢板，在压力下的时间长了，就会慢慢弯曲下来。拖延时间是消磨对手意志力最好的方法，意志力消磨了，也就没有死磕的勇气和耐心了。

例如，一些日本公司就常采取这个办法：以一个职权较低的谈判者为先锋，在细节问题上和对方反复纠缠，或许可以让一二次步，但每一次让步都要让对方付出巨大精力。到最后双方把协议已勾画出了大体轮廓，但总有一两个关键问题谈不拢，这个过程往往要拖到对方精疲力竭为止。这时本公司的权威人物出场，说一些“再拖下去太不值得，我们再让一点，就这么成交吧!”此时对方身心均已透支，这个方案只要在可接受范围内，往往就会一口答应了。

这就是拖延时间获得的好处，对方意志力消磨殆尽，只能你给喘息地机会了，可见拖延时间是能够获得意想不到的结果的。

例如，1986年，香港一个客户与东北某省外贸公司洽谈毛皮生意，条件优惠却久拖不决。转眼过去了两个多月，原来一直兴旺的国际毛皮市场货满为患，价格暴跌，这时港商再以很低的价格收购，使我方吃了大亏。

可见拖延战术威力巨大。那么怎样在谈判中达到拖延时间的目的呢？其实方法不一，你可以在实战中时常进行自我总结，在不同的场合，面对不同的客户，可能都会奏效。

诸如，你可以在谈判一开始就展现自己的好客一面："今天先休息休息，不谈了吧，我们这儿的风景名胜很多的哩。"先带对方浏览名胜。这么拖延时间通常是因为自己为这次的谈判准备工作做得不够充分，可以为自己争取更多的准备时间，打一场有准备的仗。

当谈判相持不下，眼看就变成僵局的时候，你可以接着采取好客的策略："不谈了，不谈了，今天的卡拉 OK 我请。"于是莺歌燕舞之际，觥筹交错之间，心情舒畅，感情融洽了，僵局打破了，再来谈生意相对就容易多了。

此外，还有很多方式可以用在拖延时间上。在谈判的关键时刻告诉对方："不好意思，对于咱们刚才谈的问题，我个人没有决定权，我需要请示我的上级。"从而争取更多的时间。

7. 利益不在于多少，而在于平衡

【谈判术】

争取利益，但又不一味争取利益，而是寻求和客户之间的利益平衡，双方利益均沾才能有长久的合作。

求同存异，这是周恩来总理在第一次亚非会议上提出的外交策略，其实，这四个字同样适用于谈判。

求同存异实际上是讲究一种利益上的平衡，谈判本质上也就是利益的平衡。有的人习惯在谈判中争取利益最大化，那有的人得大利就有的人得小利，大小就是不平衡的，没有人愿意得小利。

在谈判中，最重要的就是能够寻找和谈判对象的利益结合点，找到了结合点才有合作的可能。如果双方无法实现满足一部分对方的利益，那达成协议的可能就小了。那就不如“均沾”，也就是所谓的利益平衡，只有平衡了，生意才能做成。做生意最忌讳的就是“今朝有酒今朝醉”。只着眼于计较眼前利益的多少是无法做成大生意的。所有的交易都只有在“利益均衡”的前提下才能得以进行。在谈判的过程中，维护对手的利益也就是维护自己的利益。

追求最大的利润是生意人的目的，但是必须是合理利润才能保证自己细水长流。所谓合理利润，就是说要在合作各方的利益分配中寻求平衡。一方得到不合理的高利，就意味着另一方得到不合理的低利。自己这方若没有合理利润，生意将难以为继；对方若没有合理利润，生意同样会滞塞不畅，这种合作是无法持久的。所以，聪明人赚该赚的钱，也让对方得应得之利。这样虽然降低了自己的利润空间，却可以做长久的生意。这样生意犹如长江之水，生生不息，做长了自然也就大了。

一个中小品牌的药品商希望通过和药品大卖场合作，借助大卖场在当地的知名度提升品牌价值及销量。而大卖场则认为该品牌知名度较低，对合作存在一定顾虑。这时，你如果能够给予对方一些利益，比如较高的利润空间，就可吸引卖场的关注，在确保大卖场赚钱的基础上，再与之谈判，就很可能达成合作协议。否则，如果双方只是站在自己利益最大化的角度来考虑合作问题，根本不可能达成共识。

这就是利益平衡的艺术，利益不在于多与少，而在于你能不能保住自己的利益，适当地让出自己的部分利益，是为长远利益打基础。小羊过独木桥的故事就是教给人类退让一步海阔天空，利益均衡，寻求共赢的道理。

有两只固执的小山羊，一只在河东边，一只在河西边。在这条小河上，只有一道很窄很窄的独木桥，每次只能过一只羊。

两只羊在桥上相遇了，可是这个小独木桥特别的窄呀，白羊站在这边儿，黑羊站在那边儿，谁也过不去，谁也不相让。白羊用不容置疑地语气说："黑羊，我还差两步就到了，你赶快退回去！"黑羊高傲地昂起头，坚决地说："凭什么要我退回去？我要过桥，你赶快退回去！"

它俩在桥上，谁也不肯退回去。吵着吵着，两只小山羊不假思索地把结结实实的脑门撞到一起了，把犄角缠到一块了，把细细的小腿支在独木桥上，打起架来，越顶越使劲儿。最后只听"扑通、扑通"两声，两只羊都掉到河里去了……

在谈判中，如果谈下来的结果是我赚你不赚，生意自然不会长久；你赚我不赚，生意也不会长久；我赚你也赚，才能做成生意。这就是所谓的"有钱大家赚"，也就是利益平衡。

然而，利益平衡，让出利益是不是意味着无条件地满足对方的要求呢？显然不是，对对手的要求不能一味的迁就，如果对方提出的问题，不管问题大小、多少、难易，你都一一解决，肯定会大幅度地增加自己的工作量，也必然会影响自己的工作效率，那结果就是自己的利益受到影响。所以利益平衡，满足客户也是有限度的。

谈判最主要的就是"谈"，然而有的客户是属于沉默型的，不管你在谈判中说什么他都只是点头却不言语。遇到这样的客户你可千万要注意了，他沉默并不代表他就真的同意你的说法或满意你的产品。碰到这样的客户你一定要学会询问对方看法，因为只有把握他的想法才能平衡双方的利益。

还有一类对手和上面的这类人正好相反，这类人非常善于表达自己的想法，甚至有些“吹毛求疵”。面对这种对手，你要学会冷静分析他们的心理。或许他们也并不想使谈话陷入僵局，只是想为自己争取一些利益。掌握了他们的这种心理，再适当的做出让步，平衡彼此的利益，就可以快速促成谈判了。

8. 不要在立场上讨价还价

【谈判术】

谈判中要坚持自己的立场，但是却不能执着于立场，适当地作出让步会让谈判进行得更加顺利，如果你能说服对方和你一起妥协，那就会实现最大化的双赢。

在谈判中你所处的地位和谈判过程中你持有的态度就是你的立场，不难看出，谈判要有自己的立场，有了立场才能更加清晰地表达自己的要求，提出自己的条件，取得最理想的谈判结果。

然而不论谈判是有关一项合同、家庭内部纠纷，还是国家间的和平协议，人们常常在立场上纠缠不清。在谈判的时候坚持自己的立场固然很重要，然而如果在立场问题上讨价还价的话，就会容易使双方都陷入无休无止的纠缠中，影响谈判的进程。

这其中最主要的原因就是在立场式的谈判中，一个无法回避的弊端就在于谈判者本应满足各自的潜在利益，为了实现利益的共赢而努力，而实际上却把精力集中在坚持各自的立场上。谈判，应该着眼于彼此的利益平衡，而不是立场。

因此，为了使谈判进行得更加顺利，就要注意谈判期间不能走极端，不能在立场问题上抓住不放，该让步的时候就要让步。如果谈判双方始终都坚持自己的看法不变，甚至不想作出哪怕一点点的让步，这样过于坚定的立场就会吓到对方，影响整场谈判。

此外，谈判双方为了达成相同的目标才走到一个谈判桌上，为了这个共同的目标努力，如果双方起步越极端，每一次的让步都很小，谈判需要的时间就会很长，花费的精力也会很多，但是最后的结果却是不确定的。

顾客："这个铜盘子什么价钱？"

老板："你眼光不错，75 美元怎么样？"

顾客："别逗了，这儿有块压伤，我出 15 美元。"

老板："什么？你要是诚心买，我还能考虑考虑。15 美元，开玩笑吧？"

顾客："那好，我出 20 美元，75 美元太离谱了。"

老板："这样吧，给我个合理的价钱。小姐，你砍价真够厉害，60 美元拿走得了。"

顾客："25 美元。"

老板："我进价也比这高多了！你诚心买吗？"

顾客："37.5 美元，我最多就付这个价。"

老板："你看看上面的图案，到明年这样的盘子价格能翻 1 倍。"

假如就这样谈下去，他们成交的几率并不是很大，原因就在于，主顾双方都死守自己的立场，彼此耗费了太多的时间和精力，对于商品本身已经不够关心了，谈判的目的已经模糊化。

在这位顾客和店老板的这场关于价格的谈判中，立场起了一定作用。它告知对方你的需求，在前景不明朗、存在一定压力的情况下提供了一个立足点，最终可能会产生自己能接受的结果。但通过其他方法也能起到上述作用，而且在立场上纠缠不清使双方无法实现达成明智的协议、有效率地谈判以及友善地谈判这三个目标。

由此，我们不难发现立场式的谈判可能会付出高昂的代价，特别是立场式的谈判会对谈判双方的关系造成很大的损失。只有把自己的谈判对象看做是朋友而不是对手，不以自己占上风为目的，在提出条件的同时做出适当的让步，为避免摩擦作出必要的妥协。

在这里还有一个谈判人数的问题，谈判的人数越多，也就是谈判方越多，死守立场就会有更多的弊病。人多的谈判场合如果还是在立场上纠缠不清就会阻碍多方达成协议。

如果像联合国会议那样有一百多个国家坐在一起谈判，那么每个国家坚守自己的立场不放松的话，那谈判顺利进行的可能性是很小的。可见，要想统一所有人的意见很难，要想获得共赢，就需要各国在不同程度上作出一些妥协。

那怎样避免在谈判中让立场主宰自己的方向呢？首先就要时刻提醒自己，人和事是两码事，要把人和事分开。

每个人都是有感情的，特别是感情丰富的人，经常喜欢把自己的情绪带到工作中，如果你是这种人，那你就要小心你会是那个进行立场谈判的人。

所以，你要时刻注意，主观的感情是不能和客观的事情联系在一起的，应该在绝对客观的基础上完成和对方的谈判，换句话说就是要与你的谈判对象站在平等的位置上，以客观的心态为一起解决问题而努力。

如果双方的利益产生了强烈的冲突要怎么办呢？有些人可能会因为自己坚持了强硬的立场得到了一个满意的结果，那这样武断得来的结果只能是暂时的，会影响到你们今后的长期合作。

在遇到这样的情况时，首先要让自己冷静下来，你可以告诉对方这个问题不是单方面说了就算的事情，所以为了公平起见，最好双方都能做出一点让步，这样的谈判方式就很容易得到对方的同意。

9. 尽量让对方说“是”

【谈判术】

让谈判对象说“是”是你成功的第一步，避开分歧只谈共同关心的问题，用可以让对方信服的话获取“是”的回答等方法，都会让你在谈判中如鱼得水。

如果你在谈判中提出了一个观点或者条件，对方冒出一个“不”字，意味着你的观点没有得到对方的认可，那接下来的谈判无疑不会像你想象中的那么顺利。

那么，怎么避免对方在谈判中说“不”呢？那就需要练习无论在什么情况下都要尽量让对方说“是”。

戴尔·卡耐基曾经说过：“人是不可能被说服的，天下只有一种方法可以让任何人去做任何事，那就是让他自己想去做这件事。”让对方说“是”，实际上就是让对方在内心深处接受你的观点和条件，让对方主动去做你希望他做的事。

如果在谈判一开始交谈的时候，就能让客户说“是”，会让这次谈话有一个好的开端。这会让谈话在愉快的气氛中展开而且易增进感情，接下来的谈判就会容易很多。

王猛是一名银行职员，所有工作的原则必须完全按照银行的规章制度来办。但是，有一天，他突然想，最好不要谈及银行需要什么，而是客户需要什么。所以，他决定一开始就先让客户做出肯定的回答。

第二天，有一位前来存款的年轻客户拒绝填写表格中的某些资料，若是以前王猛一定会告诉客户："这个必须填写。"但是今天他却说："其实这一栏并不是非写不可。但是，假如你碰到意外，是不是愿意银行把钱转给你所指定的亲人？""是的，当然愿意。"客户回答。"那么，你是不是认为应该把这位亲人的名字告诉我们，以便我们届时可以依照你的意思处理，而不致出错或拖延？""是的。"他再度回答。

这时，年轻人的态度已经缓和下来，知道这些资料并不只是为银行而留，而是为了他自身的利益。所以，最后他不仅填写了所有的资料，而且在王猛的建议下，开了一个信托账户，指定他的母亲为法定受益人。当然，他也回答了所有与他母亲相关的资料。

由于刚开始时王猛就让客户做出肯定的回答，这样反而使客户忘了原本所坚持不愿回答的问题，而高高兴兴地去按照王猛的建议做了许多事情。

正是这种让对方说"是"的谈判技巧让王猛挽回了一位差点失去的客户。由此可见，要想成为一名成功的谈判人员，学会让客户做出肯定的回答很重要。

谈判中，特别是价格谈判中，如果能让对方在一开始的时候就说"是"，那就已经成功了一半。如果能够巧妙地运用技巧，让客户连续说"是"，那么成交就有九成的把握了。因此，如何尽量让对方说是就成为我们这里讨论的关键所在。

（1）避开彼此的重大分歧不谈

谈判中，不要一上来就谈一些双方可能有重大分歧的事，那样只会让谈判的气氛变得紧张。明智的做法是先强调双方都同意的事，并且不断地强调。最好能得到对方"是，是"的回答。这对交易的成功起着举足轻重的作用。

（2）说话要让客户信服

想要得到客户的肯定回答，首先得保证你的话能使客户信服。最需要做到的就是避免具有主观性质的议题，最好就是闭口不谈。如果你无法掌控和对方谈论的话题，往往是跟随客户一起去议论一些主观性的议题，那最后的意见就很容易产生分歧。在这种情况下，不要给对方“上纲上线”，而是先随着对方的观点，一起展开一些议论，与其产生“共鸣”，在恰当的时候将话题引到谈判的话题上来。

（3）用提问的方式让对方说“是”

每个谈判对象都会有一种共同的心理，就是认为说“不”比说“是”更容易，也更安全。要知道，无论是在什么场合的谈判中，对方说“不”对谈判来说是很不利的，所以，谈判中在向对方提问的时候要尽量设法不让对方说出“不”字来。这样的方法有很多，其中一个就是在一个问题中提示两个可供选择的答案，两个答案都是肯定的，让客户没得选。例如，想要与客户约定见面，可以问：“您看我是今天下午2点钟来见您还是3点钟来？”很多问题都可以设计成这样的方式，尽量让对方给出一个肯定的回答。

让对方说“是”，而不是说“不”的方法还有很多，作为谈判人员，你可以在自己的谈判经历中多总结，多反省，相信在谈判中你会占据绝对的优势。

第七章
进退玄机，准确判断让步的时间

谈判的成功并不在于占尽了所有的便宜，一场真正意义上的成功谈判是双赢的，要想实现双赢就必须得有让步，为此让步的智慧你不得不学。

1. 如何减少让步的幅度

【谈判术】

一步让到位绝不再让，坚决不让再到一步到位，或者在博弈中一点一点让步都是减少让步幅度的好方法，运用得当，都可以在谈判中帮你争取到最大的共赢点。

谈判是双方利益的平衡，要想达到双赢，双方必须做出一定的让步，但是如果让步太大太多就会损坏自己的利益，所以，在谈判中就要想办法尽量使自己让步的幅度减小。

这个道理就好比恋爱中的男女关系，如果是男追女，起初的时候毫无疑问男方会对女方百依百顺，但是随着两个人感情的加深，女方对男方越来越好，在一些问题上也就纵容起了男方，这就是在两个人关系上做出了很大幅度的让步。

这样做的后果就是男方会因为女方的纵容而变得越发嚣张，所以，在恋爱中，为了保证两个人的平衡关系持久，最好还是不要做出太大的让步。

谈判何尝不是如此呢？如果你一开始就给了对方很大的让步，对方只会觉得这个让步还仅仅是个开始，他会狮子大开口，要么你的让步一发不可收拾，要么谈判没有办法继续进行。

特别是在价格谈判中，千万不能让对方看出你在谈判中的让步模式，如果你的让步价格区间是500元，不能让对方识破，你可以在100元范围的波动开始谈判。因为这样的幅度会使对方捉摸不透你的让步幅度，谈判成功的几率也就很大了。

只有让对方觉得你的让步是很艰难的，才会越接近你的理想结果。

2003年5月，中国南方某市工艺品公司作为供货方同某外商就工艺品买卖进行谈判。谈判开始后，工艺品公司谈判人员坚持800元一件，态度十分强硬，而外商只出500元的价格，且亦是毫不示弱。谈判进行了两日，没取得任何进展。外商提出休息一会儿再谈一次，若再不能取得共识，谈判只能作罢。我方坚决不退让，眼看谈判即将破裂。

第三天谈判继续开始，双方商定最后阶段谈判只定为3个小时，因为没有办法破解僵局，再拖延下去只能是浪费时间。谈判进行了两个多小时仍是毫无进展。在谈判还剩下最后10分钟时，双方代表已做好退场准备了，这时工艺品公司首席代表突然响亮地宣布："这样吧，先生们，我们初次合作，谁都不愿出现不欢而散的结局，为表达我方诚意，我们愿把价格降至660元，但这绝对是最后的让步。"外商代表先是一惊，而后沉默了好几分钟，就在谈判结束的钟声即将敲响之时，他们伸出了手说："成交了！"

这次谈判中，工艺品公司在做了最大限度的坚持后，一步到位地让步，既维护了谈判的胜利结束，也博得了对方的信任，双方不失时机地握手言和了。

这种谈判方式就是在谈判中不做出任何让步，而在最后阶段做出很小的让步，这就会让对方觉得你也是经过激烈的思想竞争做出的妥协，保证了自己的利益。

当然，这种让步方式是有风险的，所以逐步让步，但每次让出的幅度都很小的方法更加保险一些。在逐步让步中你还可以采取一些相应的策略，保障自己的利益。

（1）只做等额让步

所谓等额让步就是指在每一次的让步中，所做出的让步和每次让步间隔的时间是相同的。国际上将这种挤一步让一步的策略称之为“色拉米”香肠式谈判让步策略，就是在对方的重压下只做出一点点的让步，并且不会一步让到位。

这种让步方式的好处就是减小了让步的幅度，对双方进行充分的讨价还价比较有利，取得双方利益均沾的结果。这样的方法使对方没有那么容易占到便宜，而且如果碰上了心急的谈判对手，极有可能由于对方的心急获取更大的好处。

（2）小幅度递减的让步

顾名思义，这种让步策略就是在谈判中使让步的额度越来越小，这样的让步态度很容易让对方相信你已经在作出巨大的牺牲，并且你的立场和态度越来越坚定，不会再做出很大的让步，暗示对方适可而止。

（3）大幅度递减但略有反弹

起初拒绝让步的态度要表现得极为坚决，可以突然表示愿意让步，在让步后反而又将条件略微地上浮一些，让对方明白这是一种让步后的对抗或反攻；其后，再次做出一点小小的让步，使对方欣喜若狂、更加珍惜，从而迅速达成交易。

2. 学会应对谈判僵局

【谈判术】

正视僵局，守住立场，协调彼此，允许不同意见存在，无论遇到什么样的僵局，相信你都可以轻松化解。

在谈判的关键阶段，特别是涉及到彼此的核心利益的时候，最常出现的情况就是谈判僵持住了。出现谈判僵局并不可怕，只要用心化解，谈判还是可以顺利结束的。

要想化解僵局，首先要先弄明白出现僵局的原因，总的来说，谈判中的僵局出现的原因主要有以下几种：

（1）立场观点僵局

立场问题是导致僵局出现的最主要的因素。双方各自坚持自己的观点和主张不肯让步，利益谈判成为了立场谈判，谈判俨然已经成为了双方意志力的较量，谈判陷入了僵局。

应对这种僵局就要求双方都要冷静地思考谈判的目的，为了达到谈判的双赢，最好能在立场问题上做出小小的让步，正所谓不能在立场问题上讨价还价，搁浅立场，只谈利益在这种僵局中对双方会更有利。

在埃以和谈中，以色列最初宣布要占有西奈半岛的某些地方，显然这种方案是不能为埃及所接受的。当双方越过对立的立场而去寻找促使坚持这种立场的利益时，往往就能找到既能符合这一方利益，又符合另一方利益的替代性方案，即在西奈半岛划定非军事区。

在取得土地使用权的谈判中，双方原来坚持的立场都是合理的，而当双方越过所坚持的立场，而去寻找潜在的共同利益时，就能找到许多符合双方利益的方案，僵局就可以突破了。

（2）一方过于强势的僵局

在谈判中，如果其中一方过于强势，他就会在无意中想要逼迫对方接受自己的观点，所谓强迫对方就范。然而受到逼迫的一方，越是逼迫，越是不会退让，谈判的僵局就很容易出现。

为了应对这种僵局或者在根本上杜绝这种僵局的出现，就要在谈判期间时刻提醒自己谈判双方是处于平等的地位的。在平等观念的指导下进行谈判，成功的可能性会更大。

（3）文化差异导致僵局出现

这种僵局主要出现在不同国家的谈判双方之间，主要原因就是各自的文化传统不同，理解问题的方式和表达想法的方式有所不同，常常导致谈判双方沟通不畅，从而导致谈判僵局的出现。

这种由文化引起的谈判僵局，要想化解还要从文化入手，需要我们的谈判人员在谈判前做足功课，充分了解对方的文化传统。此外，聘请文化专家和翻译也是一个未雨绸缪的好办法。

其实，谈判中的僵局并不仅仅只有以上三种，其化解方法也不一，总体来说需要从几个方面努力：

（1）要保持冷静头脑

有了冷静的头脑才能进行冷静的思考。有些谈判者在谈判中头脑混乱，无法明晰自己的利益，盲目地坚持自己的立场，甚至会在谈判激烈的时候忘记自己的谈判出发点是什么。所以，应对这种僵局就要时刻保持冷静的头脑，进行客观的思考，正确分析谈判中遇到的问题。

（2）要努力协调彼此的关系

谈判双方谈判的目的就是为了寻求利益结合点，所以在遇到谈判僵局的时候就要努力协调彼此的关系，使双方都能回到寻找共同利益的道路上来。只有重新分析各自的利益，平衡好双方的利益才能打破僵局，使谈判进入正轨。

（3）要正视不同的意见

谈判双方本来在立场上就是不同的，那有不同的意见就更加情有可原了。然而不同的意见可能会成为谈判顺利进行的障碍，使谈判陷入僵局中。所以，在遇到这种僵局的时候，首先要明确允许不同意见的态度，不仅不能持绝对反对的态度，反而要抱有欢迎的态度。这种友善的态度能使我们以更加心平气和的心情倾听对方的意见，正所谓，有了倾听，才有信息，才能继续谈判。

（4）在谈判的时候要坚决杜绝自己的极端情绪，尤其要避免在谈判中争吵

争吵除了使矛盾激化外，还会令谈判进入僵局，不能起到任何积极作用。所以在谈判中，如果有想要吵架的冲动，就给自己一个提示：

"大吵大闹是不能解决问题的！"

（5）要对僵局持有正确的认识

很多人害怕僵局出现，认为出现了僵局，谈判也就失败了，其实不然。遇到僵局只要尽量化解，还是能够顺利完成谈判的。假使为了避免僵局出现而处处迁就对方，那就会使自己的利益遭受很大的损失。所以要树立正确的态度，正视谈判中可能出现的僵局。

3．走出谈判困境

【谈判术】

拖延时间，改变场所，转换话题等都可以帮你在谈判中走出困境。谈判遇到了困难，只要不是知难而退，总有解决的办法，关键是你要学会坚持。

在与其他人的交流和交往中难免会出现交往困境。就好比闺蜜关系，两个人要好，但并不是任何事情都可以彼此妥协的，也避免不了争吵，这就是交往困境。在遇到这样情况的时候，如果只是一味地躲避，是没有用的，还是要想办法走出困境才能维护两个人的友谊。

谈判也是如此，并不是每一场谈判都是一帆风顺的，同时，也不是每场谈判从始至终都是顺利的。谈判是充满变数的，因为谈判双方肯定是存在分歧的，有分歧就有可能步入困境。进入到困境并不可怕，可怕的是不想办法解决困境，不解决就意味着没有转机。

无论是立场上的分歧，产品价格上的分歧还是合作条件上的分歧都有可能成为困境的导火索。进入困境，要么双方沉默各不相让，要么终止谈判合作搁浅。可是这样的结果是谁都不想要的，所以要想办法摆脱谈判中遭遇到的困境。

许多人，特别是谈判新手往往在困境面前表现得不知所措，觉得谈判已经失败，完全没有了挽回的可能。实则不然，谈判中的困境都是有办法解决的，是可以化险为夷、转败为胜的。

刘强是一家医疗器械生产企业的销售代表，有一天，他去拜访一家著名的大型医院，希望该医院能够购买他们的产品。当他完成了产品的介绍后，主治医师紧锁着眉头看完了报价单，随后一字一句地对刘强说："你们的产品的确非常出色，就是价格太高了。在你之前，已经有两家公司找过我了，产品的功能都是相同的，但是价格比你低10个百分点，如果你坚持这个价位的话，我们之间是没有合作的可能，你只能去寻找其他合作对象了。"

刘强的公司有严格的规定，只能在销售价格的基础上降5个百分点，显然，刘强的价格过高，可是他知道主治医师已经认可了他的产品，已经存在交易成功的机会，他不想放弃。这个时候，他把价格的问题放在一边不提，再次深入地介绍产品的与众不同，以此来刺激这位医生的购买欲望，他说："我知道有很多的同类产品，但是我们公司的产品拥有更加完善的性能，治疗效果也更好。此外，我们还有快捷和完善的售后服务、后期维修的费用也比较低廉。"这时，刘强看得出医生已经有一点动心，于是他乘胜追击，以比较有利的价格优势拿下了这单生意。

刘强在遭到主治医师的拒绝，眼看谈判进入了困境，没有了回旋余地的情况下如果放弃继续追击，随即结束谈判的话，就会失去这笔生意。但刘强是个经验丰富的谈判员，他知道这只不过是一次简单的、普通的相持，对方要么是想要了解更多，要么是希望你主动做出让步，所以他努力寻求解决办法，最终成功走出了谈判的困境，完成了这次谈判。

我们要知道，困境和僵局是明显不同的，僵局是谈判接近破裂边缘的危险时刻，而困境则是谈判过程中经常遇到的情况，那我们怎么才能走出谈判困境呢？

你可以建议对方改变谈判场所或者谈判时间。比如，如果谈判接近中午了，可以邀请对方共进午餐，在餐桌上与对方拉近心灵距离，转换对方并不愉快的心情，心情愉快了之后再谈判完全就是另一种情形了。

遇到困境你还可以选择暂时中断谈判，比如说告诉对方现在大家的思维和心情都比较紧张，做出的决定难免会不明智。那为了放松一下心智，可以谈谈个人爱好，聊聊最近的花边新闻，又或者可以讲个小笑话活跃下气氛。敌对的气氛化解了，也自然走出了困境。

此外，你还可以在困境出现的时候想办法将谈判话题引到共同承担的风险上来。因为共同的风险可以让双方都意识到共同的责任和义务，而忽略谈判中存在的分歧，也就比较容易摆脱困境了。

当然，如果是团体谈判的话，可以采取更换我方谈判人员，或者用激烈的言辞逼迫对方更换谈判人员。人员的更换意味着谈判的氛围改变了，谈判的困境自然就不存在了。

4. 别让谈判走进死胡同

【谈判术】

在谈判过程中，疏导对方的情绪和搁置主要的问题，都能够将谈判从死胡同中拽出来，柳暗花明又一村，你的谈判也会畅通无阻。

在谈判的过程中，我们是否曾经经历过这样的情形：左也不是右也不是，就是谈不拢。小心了，这时你的谈判可能进到了死胡同里。

特别是对于谈判新人来说，进死胡同的可能性很大，“我们并不反对和你们做生意，但是我们必须提前声明，我们绝不会接受你们的支付条款的，必须按照我们的来！”“如果你们执意要坚持你们的条件的话，我想我们已经没有谈下去的必要了。”在听到这样坚决的话的时候，新人往往会认为谈判已经没有了可能，完全进入到了死胡同，再也没有打开困局的可能。

但，死胡同和僵局、困境还是不同的，僵局是双方就某个问题产生的重大分歧影响的谈判的继续进行，困境是双方虽然在持续谈判，但是却没有丝毫的进展；死胡同就是双方都感觉没有再继续谈判的必要了。

然而在实际中，为了不让谈判走进死胡同，也就是将死胡同变成畅通的胡同，和化解僵局、走出困境是有异曲同工之妙的。其中搁置争议，只谈共同利益是避免谈判进入死胡同最有效的方法。

小王有一家零售商店，在一次交易中，客户不明白怎么操作他新购买的商品，很是恼火，甚至闹到了小王的店里。小王本想教给客户如何使用这个新产品，可是客户却一点面子都不给，并且冲着小王大喊：“听着！我要退货！听好了，是退货！我不想和你再讨论这件事了，不然的话，你见到的下一个人将是我的个人律师，我们法庭上见！”

只是对产品的操作方法不够明白，至于闹到法庭？眼看谈判就要进入死胡同了，小王还是微笑着说：“真是不好意思，给你带来了这么大的不方便，请到这边来，喝杯咖啡消消气怎么样？”说着引着客户来到桌子前坐下，并且带着客户要求退货的商品。一边喝咖啡，小王一直没有停止自己的道歉，眼看客户有了消气的迹象，小王就开始解释要怎样操作这个商品，客户也发现了商品没有任何问题，只是自己使用不规范而已。

你看，客户是那么大动干戈，甚至扯到了自己的律师和打官司，很容易让人以为谈判已经进入死胡同，其实，只要有足够的耐心，分析为什么客户会出现这样的情况，就能快速帮客户解决问题。

不妨这样来说，永远不要认为自己在谈判中遇到了死胡同，实际上，谈判没有真正的死胡同，在你觉得自己遇到了没有办法解决的问题时，其实只是考验你耐心的时候到了。

1991 年，美国试图让以色列再次回到和平谈判桌前与巴勒斯坦解放组织（Palestine Liberation Organization）进行谈判，美国国务卿詹姆斯·贝克（James Beak）再次遭到了以色列的强硬抵制。以色列人起初坚持认为，只要一进行谈判，对方就会提出要以色列从巴勒斯坦定居点撤军，而在以色列看来，撤军是绝对不可能的，所以他们干脆拒绝与自己的敌人坐到谈判桌前。詹姆斯·贝克是一个非常聪明的谈判高手，他知道，要想让以色列重新坐到谈判桌前，必须要有耐心，首先解决一些小问题。

于是他说："好的，我也意识到你们并不准备和巴勒斯坦人举行和平会谈，可我们不妨先把这个问题放到一边。设想一下，如果真的举行和平会谈的话，你们希望会谈的地点在哪儿？是在华盛顿，或者是中东，还是在一个中立城市比如马德里呢？"通过讨论这些看起来微不足道的问题，美国一步一步地把谈判推向前进。然后美国提出了巴勒斯坦谈判代表的问题："如果巴勒斯坦解放组织派出代表参加谈判，以色列方面希望谁来代表该组织？"解决完这些小问题之后，美国发现再和以色列讨论和平问题已经变得很容易了，他们最终同意和巴勒斯坦解放组织举行和平会谈。

可见，美国在这次谈判中采取的策略和上面提到的小王解决客户的抱怨，都采取了转移对方注意力的方法。不同的是，美国是把问题暂时搁置不提，首先解决一些谈判中可能遇到的小问题，这样的方法除了能帮助你走出谈判的死胡同，还可以为你接下来的谈判积聚能量。

总而言之，在谈判中千万要避免把全部的精力和焦点集中到某个问题上，在一个问题上纠缠过多时间，就难免想要分出个胜负，结果最后没有胜负可言，只能使谈判进入死胡同。

5. 把握时机，转换话题

【谈判术】

何时进，何时退，转换话题是一个试探对方的好方法，给对方留有空间，也为自己留有余地，抓住时机，掌握随时转换话题的技巧会让你的谈判收缩自如。

看过《爱情公寓》的人肯定对唐悠悠和关谷神奇这对情侣印象深刻，这对情侣针对吵架制定了一个约定，出现了分歧，而两人又都不想吵架的时候选择“存档”，问题就被放起来了，两个人和好如初。

这实际上是一个转换话题的好方法，暂时将矛盾搁置起来，待到两个人状态都好的时候再拿出来讨论。

心理学研究表明，人在精神紧张的时候更容易把注意力转移到一个轻松的话题上去，这样的心理策略是可以运用到谈判中去的。

这是因为谈判的节奏一般是比较紧凑的，而谈判的气氛是很严肃的，人们在谈判过程中，往往大脑处于思考的状态，在这种状态下，如果无意中被提示一句另一个方向的话题的时候，会不自觉地将注意力转移过去，所以，要想把握谈判的节奏，适时地转移话题是一个不错的办法。

那要怎么转移话题呢？太突兀的话会影响谈判的效果，因为太明显的转换话题会让对方看出你的“猫腻儿”，谈判只会越谈越糟，所以要等待成熟的时机。

广东玻璃厂和美国欧文斯公司就引进先进的浮法玻璃生产线一事进行谈判。在谈判中，双方就设备是部分引进还是全部引进的问题分歧严重，双方陷入了僵局，广东玻璃厂提出的部分引进方案美方表示坚决不接受。

这个时候，广东玻璃厂的谈判代表虽然心急如焚，但是经过冷静地分析得出假如一个劲儿地抓住这个问题不放的话，唯一的结果就是越说越僵。于是他聪明地转换了话题，开始避开引进问题，聊起了别的。

“哦，听我讲，我们知道，相信全世界的玻璃厂都知道，欧文斯的技术是世界一流的，无论是设备还是产品都是一流的。”

这个一流的说法使得欧文斯代表的情绪有了很大的改观，紧接着，广东玻璃厂的代表又开始了话题的转换。

“如果贵公司能够帮助我们成为中国最一流的玻璃厂，那我想全中国人民都会感谢你们的。”很明显，这位谈判人员把刚刚似乎离开的话题又拉回来了。接下来，又开始对美方进行了小小的威胁：“贵公司肯定知道，现在，意大利、荷兰等几个国家的代表团，正在和我国北方省份的玻璃厂谈判商讨引进生产线的事宜，很多已经达成了共识。如果在我们这个谈判中因为一点点儿的小事而失败的话，那么我相信，不仅是我们广东玻璃厂，更加重要的是，贵公司会蒙受巨大的损失。”这位谈判人员用一点点儿的事来代表关于部分引进还是全部引进的分歧，并且不忘指出，谈判搁浅会给欧文斯带来巨大的损失，让美方听起来很是受用。

眼看着，对方有了松动的迹象，我们的谈判人员紧追不舍，适时地再次把话题转换到了是否全部引进的问题上：“现在，我们公司确实存在资金困难的问题，确实是没有能力全部引进贵公司的生产线，关于这一点我们感到很抱歉，希望贵公司能够理解和原谅。希望在我们困难的时候，你们能够伸出援助之手，我相信这也会为我们的合作奠定一个很好的基础。贵公司是一个很有眼光的公司，希望能认真考虑我们的方案。”

这样多次的话题转换，缓解了谈判的紧张气氛，使美方代表的敌对情绪也平复了，通情达理的谈话使美方很愉悦地接受了广东玻璃厂部分引进的计划，并且很快就签订了合作协议。

这就好比，两个小孩子吵着争夺同一个玩具，大人不知道怎么办才好，如果这个时候，你突然指着天空说：“快看啊，天上有一个大飞机。”那么这两个孩子的注意力很容易就被转移了。

也许有人会说这样的伎俩看起来像是只适合骗骗小孩子，上面的成功只是一个极个别的偶然现象，然而，在紧张的谈判过程中，人的思维是很紧张的，当遇到语气尖刻的逼问时，这样的话题会瞬间转移对方的心情，推动谈判的深入。

因而，学会在谈判过程中抓准时机转换话题，也是一个有效的谈判技巧。

“这个问题让我们待会儿再讨论怎么样……”

“我知道接下来我要说的可能有一点离题，但是……”

“如果你允许的话，我想谈谈关于……的问题。”

“很高兴这么多的问题都得到了解决，现在让我们进入到……的问题吧！”

类似的说法都是转移话题的好托词，当然，你也可以丝毫不给对方提示，而是根据你们的谈话内容随即转移话题，也是一个不错的方法。

6. 识破对手的谈判伎俩

【谈判术】

在谈判中，无论是避重就轻还是转移矛盾，无论是直接将问题抛给你还是在最后时刻支支吾吾，只要你能识破对方的这些伎俩，逐个击破，以退为进。

想想看，你会为了一场谈判精心准备，你的对手呢？当然也是如此了。知己知彼，才能百战不殆，如果能识破对方的谈判伎俩的话，就能制定出应对策略，不至于好处全被对方占尽。

俗话说，商场犹如战场，在勾心斗角的谈判桌上，只有步步为营，拨开层层迷雾，看穿对方的伎俩，才会为自己争取更多的利益。如果因为看不出对方的谈判伎俩，在谈判中被对方牵着鼻子走，损害了自己的利益，对于谈判者来说绝对是重大的失误！

谈判者不会把自己的信息和想法全部透露给你，这是有他们的道理的。他们有权保留部分信息，然而如果因为没有掌握全部信息就相信对方告诉你的一切，那真是谈判者的不幸。

2000年，达能集团向乐百氏递交并购提议，并一再承诺如果合作不成功，绝不公开乐百氏的任何内部信息，更不会向娃哈哈透露（乐百氏最大竞争对手正是娃哈哈）。

消除了乐百氏的顾虑之后，谈判进入实质性阶段。对与乐百氏提出的几大主要条件，达能均欣然接受。3个月后，双方就达成了最终的协议。2000年4月，乐百氏与达能集团合资，达能以92%控股。乐百氏似乎一夜之间嫁入了跨国“豪门”，仿佛打开了民族品牌之路，并保持拥有商标权、管理权、产品及市场开拓权。

殊不知，这一切都只是一个烟幕弹，在合同上，达能集团给乐百氏以何伯权为首的五位元老设置陷阱：给他们设定市场指标，如果在既定时间内完成不了指标，他们就要引咎辞职。因为当时乐百氏在市场上占有较大的份额，要完成合同规定的指标并不是什么难事，所以何伯权接受了挑战。

然而在实际操作中，达能集团利用乐百氏最大的竞争对手娃哈哈（达能投股的子公司）抢占饮料市场的份额。当时乐百氏和娃哈哈双方达成了一份涨价协议，在乐百氏涨价后，娃哈哈并没有执行涨价协议。结果是娃哈哈大量抢占乐百氏的市场份额。最后何伯权根本没办法完成合同上的指标，造成五元首集体引咎辞职，乐百氏本来取得的权益也变成了海市蜃楼。一代商界传奇人物何伯权就此淡出了人们的视野。（引自《金融经济》2008年第20期）

这对于乐百氏的管理者来说实在是一个谈判的深刻教训！在谈判阶段，由于粗心大意，过于自信，没有看穿对方的谈判策略，导致谈判策略失误，在谈判中没有为自己争取到最大的利益，白白断送了公司的前程，也把个人的前程搭了进去。

古语云“兵不厌诈”，你有计策，我有对策。正所谓“兵来将挡，水来土掩”，如果在谈判中对方使用了谈判技巧，我们要怎么识破呢？

如果对方总是把问题丢给你，那你就要小心了，他是在逼你做决定。这个问题就好比是烫手的山芋，千万不能接，要想办法把问题抛回给对方，让他做回答。

如果对方用请求的语气让你做出让步，那你要小心在你让步之后他可能不会让步，那你需要做的就是让他答应在你让步之后也要让步，或者干脆说服他首先让步，避免吃哑巴亏。

如果对方给了一个很低的价格，你要小心他是要使用逐步进攻的策略了。这个时候你可以适当提高自己的价格，并且要有坚定的立场，不轻易降价，和对方拼心理。如果对方给你加价到了一个理想的水平，你再做出降价成交。

如果已经达成了协议，并且准备要签合同，这个时候对方还是提出了一些看似很小的要求，并强烈表示希望你能够同意，你要小心了，千万不能开这个先例，因为它可能是一个填不满的无底洞。

如果是团体谈判就要小心红脸白脸的问题了，团体往往会派出一个红脸，和你进行强硬的谈判，把你折腾得喘不过气来，然后在你精神最脆弱的时候再派出一个白脸来扮演和事佬的角色。这样就会给你一种他们在努力帮你争取好处的错觉。这个时候你要保持绝对清醒，不能掉进他们设计的圈套。

如果对方使用请示上级的低级策略那就很容易应对了，就要紧紧逼问对方一定要给你一个回答，这样反而知悉了对方的最终底线。

7．随时准备离开

【谈判术】

三十六计，走为上策。人都走了，即使对方再有什么谈判策略，也是落空无疑的了。每场谈判中都要做最坏的打算，随时准备离开。

“谈判的时候离开？你没有讲错吧？”

是的，你没看错，就是让你在谈判的时候做好随时离开的准备。

无疑，谈判是讲究策略和技巧的，可是仅仅有策略和技巧还是不够的，魄力也是至关重要的，敢于在谈判中途退出离开就是一种魄力。

有人说，坚持啊，坚持到底就会有最后的胜利啊！可是如果有一个年轻的谈判人员向领导保证："我一定会坚持到底，取得谈判的成功！"那么作为领导，就要认真考虑是不是还要派这个人谈判了。因为他只懂得一味前进，很可能将谈判搞砸。

看过京剧《挑滑车》的人，无不为高宠惋惜。他过人的胆量和高超的武艺的确令人佩服。可是，对方就是利用了他不肯服输的心理，一辆辆滑车连着向他砸来。凭着一杆枪，在没有援兵的情况下，高宠仍奋力前行，终于用完了力气，一代英雄就此悲壮地结束了年轻的生命。

可见，有时候并不是坚持就能等来你想要的结果的，无谓的坚持只会带来不好的结果。在谈判中也是如此，如果因为你的一味坚持使自己陷入了被动中，简直就是得不偿失，还不如果断离开。因为有的时候，及时离开不见得是坏事。

1984 年，我国与突尼斯某公司的代表就建立化肥厂事宜进行谈判。几次接触下来，基本把地址定在了河北的某港口。同年 10 月，科威特的石化公司也想参与到这个项目中来，谈判由两方变成了三方。

在第一次谈判中，科威特石化公司的董事长在听过筹备工作的介绍之后，断然表态："你们前面所做的一切工作都是徒劳无功的，建立化肥厂的工作必须从头开始！"

听了该董事长的意见之后，中方和突尼斯方面的代表纷纷表示惊讶，因为双方都为之前的谈判投入了很大的人力、物力和财力，费时 3 个多月才实现了现在的结果。但是，此时，却没有人起来驳斥这位董事长，因为此人在科威特的地位仅次于石油大臣，而且他还是国际化肥工业组织的主席，拥有非常高的权威。

但是中方的一位代表忍不住了，他猛然站起来说："我代表地方政府声明，为了建立这个化肥厂，我们安排了一处接近港口且地理位置相当优越的场地。当时，许多合资企业出高价争着要用这块地，我们都拒绝了。如果现在按照董事长的提议，事情要拖延下去，我们只好把这块地方让出去！真不好意思，我还有别的事情需要处理，我宣布先退出谈判！”

说完，这位代表拎起皮包转身就走。他身边的人也跟了出去了。

半个小时后，一位处长跑出来，兴高采烈地对那位地方政府代表说：“你这招真灵！那位董事长说了，快请市长先生回来，我们强烈要求迅速征用这块地！”

当地方政府代表重新回到谈判桌上的时候，谈判已经变得非常顺利，三方的合作协议也很快达成了一致。

可见，正是这位地方政府代表的魄力挽回了不必要的巨大损失，一下子扭转了谈判的局势，使一上来就强硬无比的科威特石油董事长软了下来，着实杀了他的威风。

可以这么说，没有什么生意是一定要拿下的，哪怕是付出再大的代价，就好像这个世界上没有任何一栋房子、一部手机、一个洋娃娃是绝对要拥有不可的。不能因为自己之前已经投入了很多的时间、精力，甚至金钱就一定要坚持到底。因为没有价值的坚持只会让你不必要的付出更多，损失更大。

那要在什么时候离开谈判呢？最常见的场合就是自己处于劣势的时候。因为如果对方过于强势，你处于完全的被动弱势中，对方咄咄逼人，一副你不接受他的条件绝不罢休的样子，这个时候无论你是多么苦口婆心对他都是没有用的。

这个时候，你确实很难得到自己想要的结果，过于强求的话，要么谈判告吹，要么你就得委曲求全，做出很大的牺牲，这样的后果就是以后的所有谈判，对方都会抓住你这个特点，永远不会满足。

所以与其在退让中挣扎，不如果断离开。你可以很直白地告诉对方：“不好意思，我想我们没有办法达成共识，我必须得离开了。”

第八章
中场交涉,远离对抗性谈判

谈判不是你说一我偏说二的对抗，而是寻求利益结合点,即使不同意对方的观点也要给双方都留有面子,在谈判中诱导对方一点一点接受自己的观点。

1. 绝不在第一时间成交

【谈判术】

面对谈判，不能因为急于求成就匆匆结束，不要在第一时间就同意对方的条件，与其“让一步”不如“拖一步”，拖延下去可能会有更大的惊喜。

不管是下过象棋还是下过围棋的人都知道，胜利是不可能一步到位的，是讲究策略技巧的，只有步步为营，在一步一步地进攻、防守中，才能诱惑对方想要跟你成交，甚至建立长久的合作关系。这也正是绝不在第一时间成交的原因。

在商业谈判中最典型的就是销售谈判了，因为销售谈判的目标很明确，就是成交。如果不能成交，再精心准备的销售策略，再巧妙的销售技巧都是徒劳无功的。

然而，需要注意的是，虽然结果很重要，但是绝不能在第一时间就成交，马上答应成交可能导致你失去更好的成交条件。

也许你会说，我真的很需要完成这笔交易，我必须马上把它拿下，如果有变数我就得不偿失了。然而，没有哪一笔生意是非有不可的。没有了这个合作对象，你还会有下一个。

就好像你看重了一辆汽车，无论是价格、外形、厂家服务还是性能方面都是那么完美无缺。可是，你确定你是非要不可的吗？说白了它只不过是一个代步工具，你真的是非要不可的吗？

所以，请记住，没有哪个生意是非做不可的，你要随时保持绝不在谈判开始的时候就把交易搞定的习惯。

如果你看过自然频道，一定会注意到，当一只狮子或者豹子追捕一群羚羊的时候，总会有一两次狮子和豹子是没有收获的，当它们在靠近自己的猎物时，很可能会突然停止靠近，放弃自己的追捕。当羚羊走远了，就不会再把精力放在这个羚羊上了，因为它们知道，就算失去这个猎物，还是会有别的羚羊落入手里的。

和动物的这种捕猎方式相同，谈判的时候，第一时间绝不能成交，因为即使现在不成交，接下来还有机会。即使这次谈判没有成交，还有下一次谈判机会。太渴望得到一样东西，往往会被渴望迷住了双眼，失去理智的思考和判断，从而影响你的谈判。

可是，作为销售人员的你可能会说了，销售员最需要的就是将自己手中的产品推销出去，顾客不买我的东西，可能会去买别人的产品，还是快速成交更保险一些。

大卫小时候曾经在一家水果摊上帮忙，在那里，他第一次尝试到了做买家的滋味，也体会到了不能第一时间成交的精妙所在。他当时干劲十足，无论是卸货、包装等都十分勤快。

一天，水果摊的老板查尔斯邀请他一同进货，天还没亮他们就上路了，在路上，查尔斯先生开始教大卫该怎么做。查尔斯让大卫做一个“品尝家”，不管水果是有多好吃，就只是摇头和皱眉。查尔斯一再嘱咐大卫，在确定购买之前，大卫一定要表现出对一切都不满意。千万不能大呼小叫说这橘子真好吃，尤其不要马上就下结论。这是因为不能那么急着成交，因为价格还没降到我们想要的水平。然而，当时的大卫并不知道这样做的用意，但是知道自己只管吃就好了。

到了进货地点，挨着一家一家的摊子走过去，大卫把任务完成得特别好。他尝了十多种不同的水果，每次都会紧紧皱眉，摇头说：“嗯……这个不好吃。”不知不觉，差不多已经转遍了所有的摊，查尔斯采购得也很起劲儿。有很多次，查尔斯都假装离开，最后都被卖主叫住了，以理想的价格成交了。

这其中，查尔斯就是使用了绝不在第一时间成交的策略，他一次一次地假装离开，佯装对商品不满意，就会使卖家主动退让，让他在比较有利的条件下完成了交易。

虽然查尔斯不是销售人员，可是这样的策略同样是适用销售的。在销售中如果急着在第一时间去完成交易，很有可能遭到你的顾客的拒绝。

不仅销售谈判，其实任何谈判都是如此，如果在谈判开始对方拿出自己谈判的一个筹码，你就乖乖就范，岂不吃亏？而强硬地要完成交易也是不明智的，仅仅通过强硬达成协议也是很渺茫的事情。

与其在仓促中去结束一场谈判，完成一笔交易，不如在不断的沟通中进行博弈，在了解对方的基础上不断调整策略，为自己争取最大的利益。

2. 避免对抗性谈判

【谈判术】

先同意对方的观点，放下有争议的话题，选择容易让人接受的谈判方式等都可以避免或者化解对抗式谈判的发生，使谈判顺利进行。

在我们印象中，律师通常就是对抗性谈判的人。律师？没错，他们往往咄咄逼人，在对抗中寻找胜利的快感。

然而，在谈判一开始的时候，即使是不能同意或完全同意对方的观点和条件，也千万不能就立刻反驳，形成一种对抗情绪。这种对抗情绪会使对方有意识地强化自己的立场，如果就此把交易谈判变为立场谈判，在立场上开始讨价还价，就回到了我们上面讲到的错误上去了。

所以，即使是不同意对方，也最好先表示同意，或者干脆保持沉默，再者你可以在精神上对对方表示支持，为自己后面进行反攻留有余地。下面几个例子或许能更直观地让你明白不对抗的好处。

温斯顿·丘吉尔，是一个非常了不起的政治家，但同时也有一个很大的毛病——他喜欢喝酒。所以他总是和提倡禁酒的阿斯托夫人斗嘴。一天，阿斯托夫人走上前来，说道："温斯顿，你又喝醉了，真让人讨厌。"丘吉尔是一名谈判高手，他知道自己不应该立刻就反驳阿斯托夫人，于是他说："阿斯托夫人，你说得一点也没错，我的确喝醉了。但到了早上，我就会醒过来，而你却一直会让人讨厌下去。"

在这里，丘吉尔就是巧妙地运用了先不反驳、不对抗，而是先对对方的观点表示同意，然后再进行反攻，挽回了自己的面子。

春秋时期，田单辅佐齐襄王治理国家。一次，两人经过淄水，看到一位老人光着脚趟水过河。上岸以后，老人经受不住严寒，昏倒在路边。田单急忙脱下皮衣，给老人穿上。

看到这种情形，齐襄王不满地对身边人说："田单对老百姓施恩惠，不就是打算借此逐步夺取我的国家吗？应该时刻提防着他。"

旁边的大臣贯殊说："大王不如顺势表扬田单，就说：'寡人忧虑百姓饥饿无食，田单收容他们，并且供养他们；寡人忧虑百姓寒冷无衣，田单脱下皮衣，给他们穿；寡人忧心百姓劳苦，而田单也忧念百姓，合于寡人的心意。'我们嘉勉田单的善举，就是在表现大王对百姓的善行。"

于是，齐襄王接受了大臣的建议，立即赏赐田单，并且夸奖他的行为。周围的人看到这种情形，纷纷议论："田单爱护老百姓，原来是大王教导的啊！"

在这里，齐襄王接受大臣的建议，没有斥责田单抢自己的风头，避免形成对抗性的关系，反而通过巧妙的领导艺术提升了自己的形象，这是把坏事变成好事的化解之道。

要避免和对方进入对抗性的谈判，也是有方可循的。

（1）不能在谈判开始的时候就和对方争辩

争辩往往是对抗的开始，谈判刚刚开始就和对方争辩起来，容易让人误会你是为吵架来的，对抗性情绪一下子就产生了。即使原本是有合作意向的，也会因为坚持自己的立场、维护自己的利益而对抗起来，使谈判进程困难起来。

（2）遇到具有对抗性话题的时候，可以先冷静一下

人在对抗情绪下往往比较激动，这个时候最好是暂停谈判，使激动的情绪得到冷却，双方都能够有一个客观的思考过程。要想搁置争议你可以提议先休息一下，当然也可以建议讨论下一个话题。

（3）选择友善的谈判方式

大多数谈判的场合是严肃的，谈判双方都代表了一定的立场，在谈判中双方都在尽力为己方争取利益，容易出现比较激烈的言辞，这些话都可能使谈判产生对抗性，如果用友善的表达方式效果就会完全不同。

比如对一个问题有争议，你可能会说："好吧，我想谈谈我的要求。"就显得很生硬、很疏远，而改成"不如这样吧，听听我的看法，让我们一起来探讨探讨解决问题的方法"就亲近多了。"你怎么可以这样说呢?"之于"我很了解你的感受，我原来也是这么觉得的，但是后来我发现不是这样的。"也是同样的道理。

（4）如果实在很不幸，对方已经不满甚至愤怒了，也要尽力去化解对手的对抗性情绪

首先，应该表现出对对方的尊重，千万不能自己也产生对抗的情绪。你可以安慰对方："我明白，你可能不太满意我们的方案，如果你有什么建议，可以提出来，我们共同商讨。"

这样，既不会因为自己情绪变化导致误解对方的意图，或许愤怒

只是对方使用的一个小技巧，你的情绪波动正中对方下怀，也不会因为对方的愤怒导致谈判受到影响。

3. 客户看重的是价值，而非价格

【谈判术】

强化产品的价值，忽略产品的价格，将客户的注意力集中在产品的价值上，产品能够最大程度上满足客户的需要，价格还是次要考虑的因素。

在商业谈判中，每个购买者都希望能以满意的价格购买到自己中意的产品，然而是不是价格越低越好呢？答案肯定是否定的。如果你的产品不够好，也就是不能达到顾客的要求，价格再低，哪怕白送给对方，对方也不见得会接受。

那是什么原因让顾客看中了你的产品呢？毫无疑问是你产品的价值。在谈判中不断向对方展示自己产品的价值，可以有效促进谈判的成功。

然而，产品价值当然不仅仅是销售人员不断对顾客说几句我们的产品很好，我们的产品真的很好，我们的产品大家都觉得好之类的话。这样的说法反而会使对方的购买欲望下降。让我们举例子来看看：

顾客购买奔驰车，不在意奔驰车多么值钱，跑得能有多快，这辆车寿命能有多长，顾客看中的是奔驰车的价值，或者更直白地说，就是开奔驰车的感觉，这就是顾客要的价值。

那要怎么才能让对方实实在在感觉到产品的价值，获得对方的认可呢？产品的价值是要你在谈判中呈现给对方的，甚至可以说产品的价值是销售员塑造出来的。

在中国，有一个减肥产品做得很成功，那就是绿瘦减肥茶。无论是在百度上还是在Google上都可以看到它的竞价广告，显然是非常成功的。做过竞价的朋友都知道，这样的产品，一盒成本不过30—40元，为什么绿瘦能卖到299元？其原因就是它成功塑造了产品的价值。

一种产品能在客户那里产生价值，要么能够帮助对方增加利润，要么能帮对方减少成本，总之，客户跟你的合作能使对方获得好处。这就是实实在在的价值。当然如果能够满足对方的欲望和虚荣心也能够增加产品的价值，促成交易达成。

最近很火的问学堂，推出了很多款针对教育的产品，页面很是精美，每个产品都是经过仔细的包装。首先页面就十分舒服，让人感觉很正规，给人信赖感；同时每个产品都进行了再包装，“早教好助手，越学越聪明”，这就是抓住了众多妈妈的心理，谁都想自己的宝宝比别人家的聪明。

接下来，还深挖掘自己的价值：宝宝需要，妈妈需要，准妈妈需要。下面还阐述了研发背景，显得非常专业：比如“学伴熊”能带来的好处，明显地夸大其作用，很大程度上对其价值进行了再塑造；为了增加信任度，拉出了众多的专家，以及无风险承诺。

还有一个产品，叫普洱茶，普洱茶成功的重要原因就是对产品本身的文化价值进行了深入地挖掘：普洱茶有降脂减肥、降压、养胃、对提高人体免疫系统功能等有很多功效，但是普洱茶除了这些实用功能价值外，还有更高的文化价值，因为它是当年马帮文化的重要体现，茶马古道讲述着当年走马人不畏艰险、风餐露宿、勇敢向前的茶马人生。

由此可见，给产品重新塑造价值，使它们对于客户来说更加有吸引力，这就是问学堂成功的主要原因。

那么，既然在谈判中最重要的并不是产品的价格，又怎么提高产品的价值，使对方心甘情愿地付出代价购买呢？

首先，要清楚对方的需要，使对方产生自己不购买该产品是很大的失误。在谈判中需求的满足是最重要的，如果能够在谈判之前就掌握对方的需求，并且在谈判之前将自己的产品能够满足对方需求的功课做足，谈判期间用明示和暗示的方法告知对方，自己的产品是再合适不过的了。同时最好让对方感觉到，如果不买你的产品，改用别人的产品，不但享受不到这么优质的产品，也享受不到这么优质的服务。错失这次合作的机会将是莫大的损失。

其次，全力解释为什么自己的产品是最好的。很有可能，你们的产品不是价格最低的，但要想尽一切办法让对方相信你们的产品是同行中最好的。要做到这一点不是让你去诋毁同行的产品，而是集中精力夸赞自己的产品，当然也不是一句“我们的产品是最好的”，而是要拿出切实的、有说服力的数据来使对方信服。

再次，不能忘记解释你们的产品为什么会价格贵。要想方设法让对方相信你们的产品贵却贵得有道理，就是消除对方购买后的后悔心理。这也是强化你们的产品价值的一个方法，将产品的功能明细列出来，让对方相信你并不是漫天要价的。

4. 让对方先做出承诺

【谈判术】

守住自己的立场，让对方先给予承诺，并且采取公众面前或者书面形式迫使对方信守自己的承诺，会为自己在谈判中争取更多的利益。

承诺，就是答应对方必须要做到的事，从一定程度上说，做出一项承诺就是做出一次让步。在谈判中，要守住自己的底线，尽量先让对方做出承诺。

虽然说我们这里的每一个人都希望做一个信守承诺、说到做到的人，然而，做出了承诺是一定要付出代价去实现的。在谈判中做出了承诺，但是又不想付出代价的情况屡见不鲜，还是先让对方做出承诺更加保险。

对方做出承诺的话，他就承担了履行承诺的风险，将风险推给对方，已方就相对安全了，只等对方完成答应的事情，这样自己在谈判中就会占有绝对的优势。

当然，如何让客户先做出承诺也是一个谈判的技巧，运用得当，会为你带来意想不到的好处。

甲方是美国思科公司，专门销售电脑的软件和硬件设备，乙方要向甲方购买包括电脑的软硬件设备。双方刚开始谈的时候，是将软硬件设备两个引进项目并作一起谈的。

乙方：你好！

甲方：你好！就你方想向我们购买的电脑软件和软件设备 100 台，我方最低报价 25 万元。

乙方：从我公司的预算角度看，我方最低可接受的价格为 15 万元。

甲方：我公司的产品无论在质量上和售后服务方面都会让你方感到物有所值，25 万元这个价格对我们公司来说已经是最低的了。

乙方：鉴于我们这么多年来的合作，我方公司的信誉你们也应该了解。希望你们可以给我们做个更优惠的价格。

甲方：基于你方是我们多年来长期合作的老客户，我方在原先最低报价的基础上给你方百分之二十的折扣，20 万元已经是最优惠的价格了。

乙方：那好吧，谢谢你公司愿意给予此价格。

甲方：那你看看我方公司的硬件和软件产品的报价单。

乙方：等等，你方的软件价格比较合理，但是……硬件方面似乎还有点偏高。刚刚我们在总的价格方面达成一致，你看看硬件方面能不能给我方再优惠一点。

甲方：我们刚才说得很明白了。我们公司的产品质量和售后服务是最好的，在市场上的销量一直都领先，刚才的价格是鉴于我们这么多年来合作和你方资信良好，才给你们这么优惠的价格了。

乙方：这我明白，我方愿意再扩大产品的散件订货量，并且帮助贵公司实施进一步扩大市场的宣传策略。

甲方：嗯，这样，那好，我方愿意再在20万元的基础上减2万元，18万元达成最后协议，你意下如何？

从这次的对话谈判我们很容易就看出了，甲方从谈判一开始直到合约形成，始终坚持自己的原则，等待对方先做出愿意提高订货量的承诺后才答应减2万元，保证了自己的利益，同时为自己争取到了更大一笔的订单。

客户一旦承诺了，无论是出于为人的基本准则还是在商家之间的信用问题，都必须履行这个承诺。平常社交的口头承诺还可以逃避，但是商业间的承诺却不能够逃避，否则会严重影响你在业界的商誉，会对以后的工作造成很大的影响，这是任何商家都承担不起的。

在谈判中，尤其是谈判开始的时候尽量要守住自己的条件不放松，迫使对方主动让步，并承诺给予部分优惠或者好处。假如对方也比较强硬，就要在谈判的时候不断地暗示对方跟自己合作是有利可图的，诱导对方给出优惠的条件的承诺。

在道德允许的范围内，要尽量让客户在有别人见证的情况下许下承诺，或者在无意中透露给客户，别人都知道他做出了承诺，这样他就不会轻易违背自己的承诺了。

如果有可能，尽量让对方做出书面承诺。知晓法律的人都知道，口头承诺比书面承诺更容易反悔，所以如果条件允许的话，要让对方将承诺用书面的形式呈现出来，那样即使对方违约，这纸承诺还可以作为呈堂证供，帮你维护权利。

此外，如果有可能，让客户在公众面前做出承诺。客户许下公众承诺，就会面对众人眼光的压力，他就必须履行。个人间的承诺是很容易反悔的，毕竟没有第三人知道。但是在众人面前做出的承诺就连反悔的机会都没有了，因为如果他反悔，人们就会对他产生很差的印象。

5．减价，谈判中只能向下

【谈判术】

减价不是不可以，但是不能一减到位，一点点降价，并且降价过程中不能再有涨价出现，掌握客户的这种购买心理，才能彻底征服对方。

经济时代，在商业谈判中，我们面临的最多的问题想必就是讨价还价了。

在我们的日常生活中肯定每个人都经历过砍价，假如想买一件衣服，卖家要价 150 元，作为买家，你只给出 80 元，这样的价格差距肯定是没办法完成交易的，要么卖家降价，要么你在 80 元的基础上加价。而卖家降价只能一点一点往下降，如果一下子降到 100 元，你觉得很合适，欣然成交的话，老板极有可能后悔，再想加到 120 元也是徒劳无功的。降价是只能向下，没有反悔的余地。

作为卖方来说，不仅不能漫天要价，还要有一个理想的成交价格在心中，在对方砍价的时候不能一步让到位，要一点点降下来，尽量为自己争取到最佳的成交价格。同时，需要注意的还有谈判中的降价只能向下，如果是 100 元的价格，起初降到了 70 元，然而你觉得不甘心，想再加价到 80 元，不用怀疑，你这次谈判肯定告吹。这样的谈判过程只会给对方留下不够诚实的印象。

很显然，没有一个客户会接受你的第一次报价，这就需要根据客户的要求进行降价，然而这种降价不能一步到位，因为你一下子降到了自己的预想价格，再低的价格你就无法接受了，可是作为客户来说肯定会认为你能接受不止一次的降价，必定还会要求再次降价。所以，如果降价一步到位，只能逼得自己没有了降价空间。

而经过几次减价再降到自己的理想价格效果则完全不同。谈判中第一次降价一定要在自己的预想价格之上，并且每次降价的幅度不能太大，最好达到成交价格在预想价格以上的成交结果。可以说，通常报价高，减价幅度小，最后成交价格就高。报价低，每次减价幅度大，最后的成交价格也会低。

此外，无论与对方经过多少次降价的较量，都要保证自己的价格是与客户的价格不断靠拢的状态，前提是保证自己的价格不能跌破预想价格。所谓的价格不断靠拢就是减价要保持一直向下的状态。举个小例子：

供应商的报价是 50 美元/米（成本是 15 美元/米），预想价格是 40 美元/米。

客户肯定不会答应以供应商的报价成交的，可能就需要进行砍价，还有可能是几次的砍价。这个时候供应商就要小心降价的方式了。

第一次客户可能要求 30 美元/米，面对客户给出的这个价格，供应商也不会同意，但又肯定要做出让步，就可以采取逐步让价的策略，可以给出 48 美元/米的价格，接下来根据客户的砍价，还可以将自己的价格改为 45 美元/米或者 43 美元/米。需要注意的是供应商给出的价格不能少于自己的预想价格，这样既可以保证自己的利益，还会给客户自己是做了很大的挣扎才给出现在的价格的感觉，使客户在成交心理上获得平衡。

并且不能先给 43 美元/米再给出 45 美元/米的价格，这样乱序的先降再涨只能让客户觉得你是在胡乱要价，不仅没有诚心做交易，而且也不够专业。

在实践中，在减价向下的原则下，最好减价采取逐步收缩的形式。在和客户的价格谈判过程中，每一次的降价不是随随便便就能同意的，要保持自己的立场和原则，那就是每一次的让步都要小于上次做出的让步，就是每一次的降价都要小于上次的降价幅度。

到了最后的关头，最好能以基本单位为基准进行一点一点的降价，也就是前面提到过的“色拉米”香肠式谈判让步策略。这样，就会给对方营造一种感觉：这个价格已经是最低优惠了，已经达到不能再大幅度进行降价的地步了。这样，对方也会意识到自己再进一步压迫的话也不会有什么油水，而现在你的表现足以使对方感到莫大的成就感。

谈判中，和对手较量的过程实际上也是一个征服自我的过程，这样的减价策略是需要冷静、沉着的思考的，要具备很高的谈判心理素质，才能在价格谈判中占据上风。不仅会给对方一个谈判专家的印象，而且也能够为自己争取到尽可能多的利益。

所以说，在客户要求降价的时候不要慌，慎重考虑自己能够接受的最低价格，并且快速想好自己的降价步骤，将谈判的主动权紧紧握在自己手中。

6. 谈的是利益，而不是关系

【谈判术】

以尽可能清晰的思路表达自己的观点，同时倾听对方的要求，制定应对策略，争取最大的利益，无论双方关系如何！

事实上，谈判双方中任何一方都不能单独保证自己的利益，由此不得不采取和对方合作的方法来获取利益或争取更大的利益。

无可否认，商业谈判的双方是为了共同的利益交点坐到同一个谈判桌旁的，无论有过多少次合作经历的双方，坐到谈判桌旁的那一刻，就成为毫无关系的双方，重新为了各自的利益而战。

正所谓谈判的核心动力是利益，如果跟对方合作没有任何利益可图，那对谈判者来说完全没有了谈判的必要。谈判，追求的就是利益，没有利益就没有谈判。

关系再好的谈判双方，即使在私下里建立了朋友的关系。或者在生活中是很好的朋友关系，却效力于不同的公司，为了各自公司的利益而战，在谈判中都不能让私下友好的关系影响到谈判，毕竟谈判是残酷的，争取到的利益不是大就是小。

对于什么是利益这个问题，谈判双方肯定持有各自的想法，这就是要在谈判中尽力争取到的。在商业谈判中最明显的利益就是价格问题了，在谈判中争取利益就是争取对自己最有利的价格。关系再好的谈判双方，价格涉及己方的盈利，也是不能价格跟着关系走的。

正因为如此，在谈判过程中双方都为自己争取利益是一项十分艰难和辛苦的工作。在保持和对手友好的交往关系，同时又不为这种关系所左右的前提下，争取最大的利益是需要技巧的。

首先，要巧妙地运用谈判场合的语言。谈判的过程是双方想法和意见的碰撞，双方都会基于自己的利益提出一些条件和要求，那就要求谈判者能够十分清晰和明确地表达己方的观点，与此同时，还要认真听取对方的条件。

在知己知彼的前提下，寻找对方陈述的突破口，找到说服对方的方法，使双方的目标得到协调，尽量能使对方最大程度上接受自己的观点，也就能在利益协调的外衣下为自己争取到最大的利益。

再者，我们可以在谈判中故意保持沉默，可以采取多听少说、甚至不说的策略，表面上或许会显得自己比较迟钝，其实是一种“大智若愚”。不说话的目的并不是对自己的利益不维护，反而恰恰是为自己争取最大的利益。

很多年前，一个工人住的是工厂的集体宿舍。他的一位农村亲戚给他带来8只母鸡，为了让这8只母鸡下蛋，他就在围墙的角落上垒了个鸡圈。厂长让人劝其处理母鸡、拆除鸡圈。因为他没有执行决定，厂长就派人强行抓鸡拆圈。于是这位工人大闹厂长室，厂长见他进来，只是点点头，便专注地写着什么，头一直就没有抬起来。待这位工人发过一阵牢骚之后，厂长拉开办公桌的抽屉，拿出一份处理这件事的决定给这位工人，并告诉他以后再出现类似事件就勒令其搬出厂区去住。说完头也不回去车间了。此时，那位工人彻底没脾气了，低着头退出厂长室。

不难看出，这位厂长在这场谈判中并没有多么急着争辩，而是沉默、沉默、继续沉默，就在工人以为厂长要放弃的时候，殊不知，厂长已经制定出了处理决定。

可见，谈判的终极目标还是各自的利益，为了争取已方的利益是有很多方法值得研究实验的。无论谈判双方是怎样的关系，主导谈判的始终都是利益。

7. 隐藏你的真实意图

【谈判术】

隐藏自己的意图，声东击西，混淆对方的判断，给对方一个出其不意的攻击，让对方得到一个措手不及的失败。

隐藏自己的真实意图的最大好处就是会起到迷惑对方的效果，对方搞不清楚你抱有怎样的目的，就不敢轻易有所动作。可能会获得意想不到的好处。

俗话说“害人之心不可有，防人之心不可无”，在现实生活中，为了防止别人看透你的内心，那就不得不处处谨慎，不能把自己的理想和目标暴露无遗。在特定的形势下，运用伪装的方法把自己的真实意图隐藏起来，迷惑对方，才能最大程度上保全自己。

但在现实生活中，有的人一有机会就把自己的想法暴露在别人面前，和盘托出，毫无保留。虽然他们很有可能只是想得到别人的认同，但是不分对象、场合的诚实很有可能是一场灾难。

要想获得别人的好感和敬重，就需要有意识地隐藏自己的真实意图，或者将自己的意图委婉地表达出来，这样能在与人交往的过程中更容易掌握主动权。甚至可以说，保持缄默就能取得胜利。

17 世纪法国最有名的交际花妮娜很耐心地听了德赛维尼侯爵向她诉说费力地追求一位美丽但是难以接近的年轻女伯爵的事。妮娜当时 62 岁，在情场上阅历丰富，而伯爵只是个 22 岁的毛头小子。妮娜决定帮这个小伙子一臂之力。首先她让这位年轻的伯爵明白这是一场战争，告诫他在接近女伯爵的时候要保持一点距离，要带着一点无动于衷的冷漠的态度。最好在下次两个人单独在一起的时候，他要以朋友而不是追求者的态度向女伯爵倾诉衷肠。这样女伯爵就会摸不清底细，不再把他的爱慕当成是理所当然的。

妮娜事先把一切都计划好了，等到女伯爵被弄糊涂了，接下来就是要引起她的嫉妒心。当他们俩在巴黎一个盛大的宴会上再次相遇的时候，侯爵带着一名美丽的少女出现在众人面前，而这位美丽的少女有一帮和她一样漂亮的朋友，无论女伯爵什么时候见到伯爵，他都被一群巴黎最迷人的少女簇拥着。这时候，女伯爵不但嫉妒之心油然而生，而且发现侯爵竟是别人的仰慕对象。

接下来，在妮娜的导演下，侯爵不再出现在女伯爵期望遇见他的场合，而是会突然出现在他从未造访过但女伯爵常去的沙龙。她根本无法预测他的行踪。这一切都使女伯爵神情恍惚，芳心大乱。

这样过了几个星期，渐渐地，女伯爵变得愿意从别人口中听到伯爵的故事，还会主动打听关于伯爵的事。在能够遇到伯爵的社交场合，这位女伯爵开始自觉不自觉地注视着伯爵，视线会随着他移动。最后，女伯爵爱上了伯爵！

在这个爱情故事中，妮娜帮助伯爵捧得美人归，就是运用了隐藏真实意图的妙处。伯爵由开始的热情到后来的冷漠，甚至开始和别的女人亲近，都是隐藏自己爱女伯爵的事实，这让女伯爵摸不着头脑，最后落入妮娜帮伯爵设计的爱情陷阱里。

在谈判中也是一样，最好能够在谈判中隐藏自己的意图，让对方摸不透自己的心思，才能更加自如地变换自己的谈判策略，抓住谈判的主动权。在这里，如何隐藏自己就成为我们学习的关键所在。

我们可以采取声东击西法，表面上可以支持一项自己实际上并不同意的主张，这样会让对方放松警惕。你可以不断地谈及自己的目标，但并不是自己真正的目标，这样不仅会让对方觉得你很信任对方，也可以以此隐藏自己的真实意图。

毛主席说过一句名言——“拳头收回来，是为了更有力地打出去。”（1947 年 3 月，胡宗南奉蒋介石之命纠集 20 余万军队向延安发起攻击之际所讲。）正所谓，有一种失败叫做占领，有一种胜利叫做撤退。隐藏就是暂时撤退的一种。但是隐藏并不是一味地藏，隐藏自己并不等于不做出反击，隐藏的目的是为了更好地反击对方。

大清朝和西方列强相比较，绝对可以称得上是谦谦君子，绝对锋芒内敛，宽宏大量，但是人家不领这个情，不吃这一套。先是鸦片，接着是炮舰，大清皇帝最终也丧权辱国，这就是隐忍太深、太久的后果。

所以说隐藏只是一种手段，一种用于战胜对手、取得胜利的手段。隐藏的目的在于保存自己的实力，同时更便利地摸清对方的情况，为自己的反击打下基础。

8. 诱导对方说出实情

【谈判术】

获得对方信任，保持诚实和谦虚的态度，最好能在谈判的时候主动提出问题等，都能帮助你探得实情，掌握局势。

谈判的时候谁都不会傻到把一切都告诉你，大多数情况下，谈判双方都在用虚虚实实的信息进行谈判。要想在谈判中知道对方的真实想法，就要想办法诱导对方说出实情。

作为谈判人员的我们，就应该多加练习能够诱导对方说出实情的技巧，能在谈判的时候准确地揣摩对方的心理，从谈判中获取重要的信息，取得胜利。阿凡提的故事生动地告诉了我们诱导对方说出实情可以获得多大的好处。

据说有一天，阿凡提到一位以吝啬贪婪闻名的巴依（古代汉族的财主）家去借锅子，那巴依当然不肯，最后是把阿凡提的小毛驴留下做抵押，才让他拎锅子出门。

第二天，阿凡提准时来还锅子，并且还带着一只小锅，巴依好奇地问："阿凡提，你带这个小锅子来干吗？"

阿凡提故作神秘地说："老爷，你昨天借给我的锅是一只怀了孕的锅，今天早上我到你这儿来的时候，它刚好生了一只小锅，所以我一并带来还给你啦！"

巴依当然不信锅子会生孩子，他还以为阿凡提是个蠢货，为了得到这只小锅，他装模作样地说："是啊！是啊！我昨天借给你锅子时，它正怀着孕呢！”然后让阿凡提牵走了小毛驴，并假装慷慨地说：“阿凡提，今后不管你要借什么东西，都尽管来借好了。”

从此以后，阿凡提每借一次东西，都会依样还给巴依一件小东西，巴依笑得合不拢嘴，心里却不停地嘲笑阿凡提。

过了半个月，阿凡提愁眉苦脸地对巴依说：

“巴依老爷，我的母亲生病了，我想借你那口祖传的金锅去给母亲煎药。”

原来村民向巴依借金锅的时候，吝啬的巴依从来不借，甚至会说一句：“哦，村民们，我们家没有什么金锅的。”

但是这一次，巴依一想到过几天就有两只金锅到手，便不顾一切，急忙把金锅借给阿凡提。

谁知这次阿凡提过了很久都没来还锅子，巴依等得不耐烦，决定亲自上门去讨回来。正准备出门，阿凡提急匆匆地跑进来，上气不接下气地说：

“巴依老爷，不好啦！你借给我的那只金锅难产死了！”

巴依大吃一惊，瞪起眼骂道：“放屁，锅子怎么会死呢？”

阿凡提立即提高声音说：“巴依老爷，你既然相信锅子会生小孩，那它为什么不会死呢？”

贪心的巴依被自己的无知和贪婪弄得哑口无言，不仅失去珍贵的东西，而且还成为大家的笑柄。

聪明的阿凡提显然算得上是高明的说话大师。他先摸清对方的性格特点，然后欲擒故纵，诱使巴依拿出了从不示人的金锅，使巴依犯下了致命的错误，最后将他轻易地驳倒。

当然，诱导对方失误并最终说出实情，就要在谈判的时候先投其所好，掌握对方的心理弱点，让对方自愿走进陷阱而无法自拔。例如，你想让对方泄露某项商业机密，可以先找出对方感兴趣的话题，引起对方的好感，待其削弱对你的防备心理，然后再伺机而行，一定能如你所愿。

此外，还有一些问题是我们需要注意的：

（1）要获得对方的信任

人在熟悉和信任的人面前比较少防备，如果能够取得对方的信任，在交谈中对方就会不自觉地提出很多在警惕状态下绝不透露的想法。

（2）要想让对方对自己毫不保留，首先你就要主动敞开自己的心扉

事实上，只有真诚的人才会获得朋友。你把自己的真实感受告诉对方，对方会认为你很坦诚，自然不担心把自己心里话告诉你会产生负面的后果。比如，你可以采用这样的开场白：“不瞒你说，实际上，关于这个案子……”

（3）保持虚心的态度

一般人都不喜欢比自己优秀或者比自己高傲的人，如果能在谈判对手面前保持虚心的态度，最好能够谦虚地向对方请教一两个问题，对方会产生自己很受重视的错觉，难免就会滔滔不绝起来，利用对方的自大心理，引诱对方说出实情。比如，你可以这样恭维对方：“我们都知道，您在这方面是很有经验的，我也听说过您主持过的很成功的几个案子。不知道，以您的经验，这个案子这样进行有没有什么问题？”等等这类的话都会使对方很受用暂时失去理性。

（4）主动提出问题

上面提到隐藏自己的意图并不是什么都不说，为了诱导对方说出实情，可以在谈判中主动提问，可以是关于对方具体的意见等，这样的问题往往能诱导对方说出实情，而他自己却察觉不到。

第九章
谈判策略，用战术轻松搞定对手

谈判的策略千千万万，投桃报李，声东击西，虚张声势等都会让你在谈判中游刃有余，关键还是在于具体问题具体分析，灵活运用才能获益颇多。

1. 投桃报李，让对方步步登高

【谈判术】

良好的人际关系的建立就是互帮互助的结果，付出自己的努力帮助别人，成就对方，对方也会愿意付出努力帮助你的。

中国有句老话是“人敬我一尺，我敬人一丈”，讲的就是在人际交往中，如果你能首先做到尊敬别人，体谅别人，关心别人，主动帮助别人，那么反过来，别人也会尊敬你，体谅你，关心你，帮助你。这样一来二去，双方的友好关系就培养起来了，也就是所谓的投桃报李。

谈判中，双方的地位首先是平等的，但是如果你首先表示友好，并且有意抬高对方的地位，对方就会产生高高在上的感觉，自然愿意“举手之劳”帮你完成自己无法独立完成的事情。

人与人之间的关系是通过礼尚往来建立的，这其中包含着很大成分的相互捧场、人敬人高。人敬我一尺，我敬人一丈，人帮人，人抬人，彼此之间的关系就会越来越好，友谊就会越来越深。如果明白了这一点，在谈判中加以运用，就要在谈判中懂得给他人尊敬，学会捧场，对方步步登高，也自然是给了自己步步登高的机会。

无可否认，人往往对与自己友好的人产生好感，这种情感会使人愿意对对方伸出援助之手，心甘情愿把对方的事当做自己的事。所以在谈判中建立和对方的友好关系，抬高对方的位置，是一种向对方示好的最佳方式，能为自己带来更多的益处。

信陵君是春秋时有名的“四君子”之一，他招揽侯赢的故事历来为人称道。

侯赢是魏国的一位贤士，以聪明机敏、能言善辩而闻名于世。信陵君多次登门造访，邀请他出仕，他都婉言谢绝了。

有一天，信陵君大宴宾客，席间，高朋满座，嘉宾如云。待众人坐定后，信陵君才向大家宣布：“今天的主客是侯赢，在座诸君若不介意的话，我把大家都作为陪客吧？”

随后，信陵君去接侯赢。侯赢傲慢地坐上尊位，信陵君亲自驾车，态度谦恭。路过闹市，侯赢冷冷地对信陵君说，“我有个朋友在肉市上，劳驾您与我一同去看看他。”

信陵君二话没说就照办。到了肉市，侯赢故意与朋友朱亥闲聊，不理会在旁久等的信陵君。此时，信陵君非但没发火，反而显得更温和，始终和颜悦色，态度诚恳恭敬。旁观的人群都用好奇的目光打量着他们。

过了很长时间，侯赢才告别朱亥，乘车来到王府，径直朝上位走去，一屁股坐下。随后，信陵君把侯赢向恭候多时的贵宾作了诚挚地介绍。

轮到侯赢说话了，他一语道破了信陵君的良苦用心：“我侯赢只不过是个守城门的糟老头子而已，而信陵君您却多次登门拜访，我本不应该傲慢无礼。但是，为了帮助您获得礼贤下士的美名，我只得这么做，让您久立于闹市之中，让世人围观您。您的态度始终谦恭礼貌，人们都会认为我这个老头是个不知好歹的小人，而您却是个求贤若渴的明君。”

在这个故事里，信陵君之所以能获得侯赢信任，正是因为他始终抱有谦虚温和的态度，他三番五次上门恭请侯赢，显得很谦恭，侯赢自然不会亏待他，来帮助他塑造礼贤下士的好名声。可以说这是信陵君应得的。

古人说："爱人者，人恒爱之；敬人者，人恒敬之。"所以，你只有"投之以桃"，对方才能"报之以李"。这样，你拥有了人缘，别人也拥有了人缘，相互之间的关系就会越来越好。

那么，如何在谈判的紧张氛围中向对方"投之以桃"呢？这也是一门学问。

（1）最好是要保持诚实的态度

太过虚伪的恭维话让人听了只会产生反感的情绪，不可能让对方把真心掏出来和你交换。在谈判的时候与对方交往首先就要诚实，自己了解的事情可以多说几句，自己不清楚的事情不能不懂装懂，如若在行家面前露出马脚更会影响到你个人的诚信，也必将对你们之间的谈判造成不利的影响。

（2）表现得谦虚一些

一般人是喜欢和谦虚的人交往的。最好你能够让对方产生自己就是一个"智者"的角色，这样的关系更能够凸显对方的重要性。个人在心理上具有优越感的话，就比较容易进入交往的状态。

（3）在谈判中给予对方切实的好处

光是口头上的夸赞和谦虚还是不够的，谈判谈的是实实在在的利益，如果只会耍嘴皮子，不能给对方任何好处的话，那这场谈判对于对方来说就没有什么意义了，如果你能首先给对方一点小小的好处，那对方的态度也会相应软下来。

2. 用蚕食策略提升议价能力

【谈判术】

进一步，再进一步，不一口吃成胖子，一口一口吞掉对方的利益，并且严格控制自己的欲望，防止被对方蚕食。

蚕食，就是一点一点吃掉的意思。在谈判中的蚕食策略是指使对方一点一点做出让步的策略。通常还会用于谈判结束签订合同之前的锦上添花，虽然已经谈妥了整个合同，但是还可以请求对方答应你的小要求，由于大的合同已经谈拢，对方也就很容易接受你的小请求了。

不难看出，蚕食策略之所以容易在谈判中奏效，是因为对方往往会觉得已经做出了一小点的让步，因而再让一点也无所谓，这为你侵占对方更多更大的利益提供了好的心理基础。

比如说，在你销售一台打印机的时候，你试图说服你的客户应该买最贵的那种，但是对方不肯出那么多的钱，于是你也不再坚持，但是在交易结束，客户离开之前，你再做最后小小的努力，说一句："让我们再看看那台最贵的打印机怎么样？我不是向谁都推荐这种的，但我认为你们的规模和发展潜力应该买这个。你知道的，这台最贵的也就是再加500元。"这样的最后一搏，往往会带来更好的结果。

毋庸置疑，蚕食策略可以使自己一小步一小步地攻破对方坚实的堡垒，每一个小步汇集到一起就会成为一大步，为自己争取最大的利益。

孩子是天生的谈判高手，他们习惯于使用蚕食策略得到自己想要的一切。

张勇的女儿高中毕业时，想要张勇送给她一份毕业礼物。她想要3种礼物：一趟为期5周的亚洲旅行，3000元零花钱和一个新的旅行包。女儿非常聪明，她没有一开口就提出所有的要求。她是一个非常优秀的谈判高手。开始时，她只是提出要去旅行，过了几个星期，她又用书面方式告诉爸爸旅行时所需要的零花钱大约是3000元，她希望爸爸能满足她的这个要求。然后，就在即将开始旅行时，她又告诉张勇："爸爸，你不会让我拉着这个破破烂烂的旅行包去旅行吧？其他孩子都有一个新的旅行包。"毫无疑问，她想爸爸给她买一个新的。

设想一下，如果她一上来就提出所有要求，张勇很有可能会立刻拒绝买新旅行包，并且会要求她减少零花钱。而女儿很聪明地把自己的请求一项一项提出来，并且，每个请求听起来都不是无理的，很容易让人接受。

这就不难让人理解为什么人们在购物的时候经常会超出自己预算的原因，因为商家使用的蚕食策略就是抓住了对方的心理，利用对方感觉小的让步不会影响大局的心理，获得对方一次又一次的让步，直到将对方的利益"蚕食"完毕。由此可见，蚕食策略是销售人员必须掌握的谈判策略，让我们用一个实际例子看看在销售中是怎样蚕食顾客利益的。

销售员："先生，您看一下这款灯，它的功率大一些，房间里面更加明亮，在房间里面看书就会很方便。"（看书的信息是销售员在和顾客的交际中得知的。）

顾客："嗯，是这样的。"

销售员："先生，请看看这款蓝色的，对自己的眼睛好一点。您看一下是选择这个蓝色的一款，还是红色的一款？”那位促销小姐接着问。

顾客：“蓝色这一款要多少钱？”

销售员：“598 元。”

顾客：“红色的那一款呢？”

销售员：“548 元，两个相差不大，打完折后差 40 元。如果您喜欢蓝色，就选择蓝色这一款。”

“先生，请过来看一下，你还可以购买这个床头灯，不用开房间大灯，只需要开这个床头灯就行了，比较省电。”

“先生，小孩子的眼睛要保护好，我建议您再为小朋友购买一台护眼灯。”

这个销售员真的很会琢磨人的心理，她抓住了顾客的心理，而顾客的需求也被她一次又一次地放大，顾客一次又一次地让步，让原本准备 2000 元购买所有灯具的顾客把自己的预算放到了 3500 元。

可见，蚕食策略能为自己争取到尽可能大的利益一点不假。但是在实践中，要怎么防止自己被别人的蚕食策略“吞”掉呢？最重要的一点是要能坚定地坚持自己的选择，很好地控制住自己的欲望，不能被对方牵着鼻子走。还要能够严格控制自己的预算，不能因为对方的说服就随意扩大预算。

比如在谈判中你可以装可怜：“张经理，你看，我们的预算就是这么多了，再多的钱我们也拿不出来了，不是我们不想扩大交易，只是目前只需要这个数量的产品，以后我们还有再次合作的机会。”

当然还有一个我们不止一次提到的方法，就是将决策权转给模糊的上级，让对方认为你没有做决定的权力，从而使对方的蚕食策略在你这里落空。

3. 以“理”为中心，“情”是拿来讲理的

【谈判术】

谈判中讲情很重要，但是讲情只是一个过程，最终的目的还是明理，这样才能推进事情的发展。在这个过程中可以用“情”包装“理”，会使“理”更容易让人接受。

让我们来看两个成语，“合情合理”、“合理合法”，在这两个成语中“情”和“法”都把“理”拉进来了，不难看出，中国人是讲道理的。可以说中国人的一切行为，各种关系，都要达到合理的边界，才能被接受、被承认。可以说这是中国人思维的合理化的一方面。

但是，人们同时也会说中国是一个“人情社会”。这也没错，在中国如果和对方关系好，比较容易把事情办成。不可否认，维护良好的人际关系很重要。但是仅仅拥有良好的关系还是不够的，谈判，还是以理为中心的。

甚至我们可以这样说，人情只是达到目的的工具和手段，却不是你谈判的目的。再直白些，谈判不是为了和对方拉上关系或者搞好关系，而是达成交易，实现合作。在谈判中需要注意搞好“人情”，在人情的基础上再讲道理，成功的可能就大些，但是却不能过分重视人情，忽视了“理”的价值，那样很容易误入歧途。

某公司的销售经理是公司老总的哥哥。说实话，大家都清楚这人没什么真水平，如果说有特长，大概就是擅长做表面工夫了。平时工

作拖拖沓沓，但是老板一来，马上摇身一变，一副干劲十足的样子。而且，他自认为仰仗着和老板的亲密关系，好像拥有了某些特权，经常对员工指手画脚，而且说不到点子上。大家私下里对此极其反感、厌恶。

有一次，这位销售经理一时兴起，对财务部门一位职员的工作横加干涉，甚至恶语相向。恰巧老板经过，这位职员就当着老板的面指出了那位“哥哥”的诸多错误。接着，老板把“哥哥”带到了办公室密谈。没想到，第二天那位财务部的职员就被炒“鱿鱼”了。

具有讽刺意味的是，这位职员后来在另一家企业发展得很不错，据说那儿的老总特别欣赏他的敢于直言。其他看不惯那位“哥哥”嘴脸的人，也都开始考虑另谋高就。其实，真正该走的应是那位“哥哥”，可惜老板太相信自己的亲戚了，结果公司经营状况一直无大的改观。

可见老板太过于相信和偏袒自己的亲戚，在工作中太重视“情”而忽视了“理”的存在，这样做不仅失去了得力的员工，而且导致了公司其他员工的心思涣散，甚至整个公司的业绩都受到了影响。

中国人重视家族血统的观念由来已久，就如同“情人眼里出西施”的道理，这本是无可厚非的。但是经营事业和处理家庭关系是不同的，作为领导者不能够根据员工和自己关系的亲疏远近作为处理事情的标准，人情固然重要，但是事理更重要，更能够留住人心。

国有国法，家有家规，工作也有自己的原则和规律，不能因为“人情”就乱了工作的章法。只看重人情会使人失去理性的思考和判断，导致不可挽回的后果。可以说只讲人情，任何工作都无法正常开展。

那么，正确的做法又当如何操作呢？说得简单点就是用情来包装理，情是手段，理是终极目的。这样的谈判才能更容易达到你预想的效果。但需要明确的一点是不能让理冲昏了自己头脑。

不难理解，大道理往往都是比较深奥的，难以弄明白的，道理实际上是阻碍了人与人之间的顺畅沟通。因为理性的思维比感性的思维更难以理解，如果在谈判中始终把“理”挂在嘴边，就难以拉近和对方的心理距离，产生沟通的障碍，谈判也就没有办法进行了。

再者，坚持自己的道理固然重要，但是不能走极端。人在坚持自己道理的时候经常会出现不愿意妥协的情绪，但是如果到了“固执”的地步就难免会影响到谈判的效果。

还有一种可能就是谈判的双方都希望对方能接受自己的道理，在谈判时难免自顾自地大谈自己的道理，很有可能是没有把对方的“理”听进去，这样就会陷进自己的“理”的小圈子，和对方的关系没有搞好，道理也没有讲清楚，不可能完成一场成功的谈判。

因此，在谈判过程中当面对不讲道理的谈判对手时，不能和他对着干，得用讲理的办法使对方信服自己。最好能先用软话使对方的情绪平复下来，使对方恢复冷静的状态，才能更好地听进道理。这就是一个用情打动对方，最后再用理说服对方的过程。

4. 声东击西，故意透露假消息

【谈判术】

用表面上关心的事来打乱对方的策略，而迫使对方忽略自己的目的，这就是声东击西的策略。这其中透露虚假的信息给对方，会把谈判的局势抓的更牢。

“声东击西”这个成语最早是出自《太公六韬·兵道》：“欲其西，袭其东。”这个成语的意思是造成一种逼真的佯攻假象，达到迷惑敌人、出其不意消灭敌人有生力量的目的。

元末明初著名军事家刘基在自己的《百战奇略·声战》中，也阐述了声东击西的作战原理："凡战，所谓声者，张虚声也。声东击西，声彼而击此，使敌人不知其所备。则我所攻者，乃敌所不守也。"

用我们现在的话就是行动在此而意图在彼，为了达到某种目的故作声势地将对方的注意力吸引到其他并不重要的问题上，是迷惑敌人的一种策略，运用于谈判中可以很好地迷惑对方，使对方做出错误的判断。

声东的目的就是转移对方的注意力到本来并不重要的地方，而自己的精力却放在攻击对方的主要方面，使对方无暇顾及你的进攻。

东汉时期，班超出使西域，就曾运用这一计谋成功击败叛乱的小国。

当时，班超的目标是联合西域各国共同对抗匈奴。但是，大漠西缘的莎车国却煽动周边小国归附匈奴，与汉朝分庭抗礼。因此，班超必须首先平定莎车国。

莎车国王向北方的龟兹求助，龟兹王亲自率领五万人马赶来救援。而班超则联合周围的弱小部落，但兵力只有二万五千人。面对敌众我寡、难以力克的局面，班超深知必须智取，经过周密谋划，最后确定了声东击西的作战计划。

班超首先派人在军中散布对班超不满的言论，给敌人造成不能战胜龟兹的假象。敌人通过各种渠道了解了这一军情，并对此深信不疑。一天黄昏，班超命令各部落的军队向东撤退，自己则带领部众向西后撤，并且制造出慌乱的迹象。自以为运筹帷幄的龟兹王得到汉军慌忙撤退的消息，喜出望外，马上兵分两路，追击班超。

胸有成竹的班超趁着夜幕掩护，只撤退了十几里地，大部队就地埋伏起来。龟兹王求胜心切，率领追兵进入班超的伏击范围内。另一方面，东路后撤部队得到消息，迅速回杀。莎车国和龟兹的军队猝不及防，面对敌人强大的攻势迅速瓦解。经过一阵搏杀，莎车王只得请降，而气势汹汹的龟兹王也遭遇伏击，只得落荒而逃，最后收拾残部退回原地。

班超佯装撤退，实则是为进攻做准备，诱敌深入，就是很好地运用了声东击西的策略。在现代的商业谈判中，声东击西的策略还是得到了广泛的运用。

这个策略，可以扰乱对手的既定计划，帮助自己实现谈判目标。

有一个代理商的业务员手中有一个专卖店客户，长期以来，该业务员给这位长期客户提供的货物都是A。但是有一天，专卖店的老板打电话过来告诉业务员："有几个客户订购了产品B，希望你能在三天之内供货到位。"这不禁让这位业务员犯难了。因为产品B并不是该代理商的主销产品，公司并没有备货，如果马上提货的话，需要一个星期的时间才能到仓库。无奈，这位业务员只好打电话和专卖店的老板进行沟通，希望对方能够换成产品A。因为毕竟虽然产品的型号不同，但是尺寸和大小以及功能都是没有什么差别的，仅仅是外观不同而已。

然而，这次专卖店的老板面带愠色，坚持说这种产品是顾客亲自定下来的，很难更改。如果自己更改了订货，客户不满意的话就麻烦了。

接下来的两天里，专卖店的老板接二连三地和业务员打电话，希望能够提供产品B，这位业务员也是如同热锅上的蚂蚁一般，不知道怎么来妥善处理这件事情。

等到了第三天，专卖店老板再一次打电话来的时候说："顾客说可以试试产品A，但是要求产品A一定要降价100元才同意。"专卖店老板就此要求业务员降价。这个业务员也是刚刚入行不久，匆忙间就答应了专卖店老板的要求。

等到售后师傅上门安装的时候，不经意间提到购买过程中更换产品的事，顾客竟然说毫不知情。

在这个故事里的专卖店老板就是在价格谈判中运用了声东击西的策略。表面上假装是自己的顾客不想使用产品A，实际上是想为自己争取到更低的进货价格。

在谈判中，声东击西的策略具体来说就是隐藏自己的真实意图，有意识地将自己根本不关心或者对自己并不重要的话题来吸引对方的思考，最好是能够在这个问题上进行比较大的让步，目的就是要在自己最关心的问题上争取对方的大的让步。

5. 让你的对手看到利益

【谈判术】

探寻对方的利益所在，或者着重于共同利益，都可以为谈判中给予对方利益做准备。要想对方主动合作，让利是必不可少的环节。

谈判争取的是共赢，这个共赢就是指利益的共赢。无论是什么性质的谈判，如果没有利益的获得，这场谈判也就失去了它应有的利益。要吸引对方跟自己谈判，最起码要做到的就是让对方看到和自己谈判能够得到的利益。利益是最好的诱惑。

在谈判中，做出让步并不意味着失败，目的在于让对方先获得一些好处，也就是得到一部分利益，为对方做出让步做准备，这样才能达到双赢的谈判结果。

虽然在谈判中忌讳随意的让步，但是作为一名优秀的谈判者要学会利用对自己并不重要的条件，去交换于己有利的条件。而这些于己不太重要的条件很可能就是对方重视的利益。

如果在谈判中死守着自己的立场和原则不肯让对方得到好处，那就会造成谈判局面的僵持，各自的利益都不能得到满足。没有双赢哪里来的合作？不难看出，在谈判中让对方看到可以从你这里得到的利益也是一种帮你取胜的谈判策略。

所以首先要树立承认对方利益的态度，不能认为只有自己的利益才是利益，对方的利益就不关你什么事了。如果你能在保证自己利益的前提下，帮助对方解决利益冲突，相信每一次谈判都会很有成效。

有一次，笔者在超市门口遇到过一次“红牛”的促销活动，这个活动中安排了免费试喝，那些工作人员一杯杯递给现场顾客随你喝，还有买一瓶红牛饮料就可以参加一次投篮活动，投得好也有奖品。再旁边搭了一个舞台在搞活动，邀请现场的人去参加活动。活动很简单，是几个人上台比赛，冠军可以获赠一箱红牛饮料，其他人也可以获得6瓶。

在这场促销中，第一次活动没几个人上去，大家都有点不敢相信，等到那些人真的获得了奖品，第二轮就好多人参加了。

人都是这样的，免费的好处有点不敢相信，要等到别人证实。一旦对方确认可以在这里得到好处，不怕他不乖乖就范。红牛促销就是先给对方免费试喝，再通过活动让对方获得免费好处的策略，使客户愿意尝试红牛的产品。可见，让谈判对手看到从自己这里可以获得他们想要获得的利益是一种多么成功的谈判策略。

共同利益也是对方利益的一种，如果能在谈判中经常提到你们通过合作可以获得的共同利益，就可以拉近彼此的距离。因为在认识共同利益的基础上，对方会更容易接受合作的条件，也会主动为了达成合作而努力，甚至还有助于消除彼此立场上的冲突。

让对方认识到共同利益的方法也有很多种，在谈判中经常使用的就是把对方划入“我们”的行列。“我们”这个词可以帮助你和对方建立同伴意识，你说“我们”等于是在提醒对方也是利益核心的一员，使对方不知不觉地也参与到你的讨论中来。

比如，在谈判的时候不要直接否认对方的看法，可以选择采取“我们是不是应该考虑考虑其他方法”、“我们好像忽略了一个重要的问题”等相较于以自我为中心的陈述更能使对方认识到共同的利益所在，谈判也自然更容易取得圆满的结果。

可能有人会说：“可是我根本不知道对方谈判追求的利益所在啊！又怎么寻求共同利益？更无法满足对方的利益了。”没错，在谈判之前，没有哪个人会把自己的利益通告给你。这就需要你在谈判中自己去挖掘。

比如，在谈判中不妨就多问对方几个问题。比如“您认为我们给出的方案有什么不妥当的地方，没关系，说出来大家一起解决”、“您为什么不接受这个方法，您还有什么更好的点子吗?”等等类似的问题，都可以诱导对方说出自己的需求，了解了需要，再设法满足对方就容易多了。

在了解了对方的利益所在后，就要不失时机地给予对方利益。比如“为了我们这次合作的愉快和以后还能有合作的机会，我们愿意在某些方面做出一些让步，比如……”或者“以前每次合作你们做的都很好，我们愿意在这次合作的时候给予一些优惠”等等都是很实在的利益，相信对方是不会拒绝的。

6. 巧用激将法，请将不如激将

【谈判术】

分清场合，分清对手，摸清对手的脾气，明确谈判的目的，巧妙地使用激将法会省去不少气力。

我们都知道，人在大多数时候是受理性思维支配的，可是我们不可否认的是人同样是有感情的，甚至在有些场合感情可以支配理智，在谈判中的激将法就是利用对方的感情因素，促使对方做出决定。

一般情况下，谈判中可以使用激将法的对象分为两种，一种是初出茅庐的谈判新人，一种是自尊心和好胜心比较强的人。需要注意的是激将法的策略是一种逆向的说服，要有很高的心理素质，在谈判中需谨慎使用。

在商务谈判中，运用激将法取得谈判成功的例子是很多的。

某橡胶厂（甲方）进口了一整套价值200万元的现代化皮鞋生产设备，由于原料与技术力量跟不上，搁置了4年无法使用。后来，新任厂长决定将这套生产设备转卖给另一家制鞋厂（乙方）。

正式谈判前，甲方了解到乙方两个重要情况：该厂经济实力雄厚，但基本上都投入了再生产，要马上腾挪200万元添置设备，困难很大；该厂厂长年轻好胜，几乎在任何情况下都不甘示弱，甚至经常以拿破仑自诩。在对内情有所了解之后，甲方的代表决定亲自与乙方厂长进行谈判。

甲方：“昨天在贵厂转了一整天，详细地了解了贵厂的生产情况。

你们的管理水平确实令人信服。你年轻有为，能力非凡，真让人钦佩。”

乙方厂长：“哪里，哪里，过奖了！我年轻无知，恳切希望得到您的指教！”

甲方：“我向来不会奉承人，实事求是是我的本性。贵厂今天办得好，我就说好；明天办得不好，就会说不好。”

乙方厂长：“您对我厂的设备印象如何？不是说打算把你们进口的那套现代化生产设备卖给我们吗？”

甲方：“贵厂现有生产设备，在国内看，是可以的，至少三五年内不会有什么大的问题。关于转卖设备之事，只是有两个疑问：第一，我怀疑贵厂是否真有经济实力购买这样的设备；第二，我怀疑贵厂是否有或者说能招聘到管理、操作这套设备的技术力量。”

乙方厂长听到这些，觉得受到了甲方的轻视，十分不悦。于是，他用炫耀的口气向甲方介绍了本厂的经济实力和技术力量，表明本厂有能力购进并操作管理这套价值200万元的设备。经过一番周旋，甲方成功地将“休养”了4年之久的设备转卖给了乙方。

在这场谈判中甲方就很巧妙地利用了乙方厂长年轻气盛的特点，使用了激将法的谈判策略，用认为对方没有经济实力来激起对方的好胜心，顺利完成了交易。

由此可见，选择激将法也是有技巧可循的：

(1) 用于激将的方法一定要是和谈判相关的

千万注意不能用有关个人隐私、生理缺陷等比较私人的话题来激怒对方，这样不仅不利于谈判，还会在人格上伤害对方，影响今后的合作。最好是能够挑选“购买能力大小”、“决定权力有无”、“合作信誉好坏”等关乎合作利益的方面来激起对方的好胜心，这样反而更容易成功。

(2) 使用激将法不是没有边际

要掌握好一个限度，如果超过了一定的度，不仅激将法不会给你带来丝毫的好处，还有可能扼杀你的谈判。看过《三国演义》的人都知道，在诸葛亮激黄忠中，如果在黄忠当众立下军令状后，诸葛亮还是以话语相激，对黄忠的实力表示怀疑的话，很有可能黄忠会认为诸葛亮根本就看不起他，两个人很有可能产生误会。

(3) 激将法使用的是语言，并不是立场

在谈判中立场是谈判双方的态度来源，如果用立场来激对方，会让对方觉得你是在有意挑衅对方的权威，造成立场的根本对立。激将法是通过语言实现的，语言要适合对方，并不能一味的蛮横无理。

(4) 要注意激将法不能使用得过于明显

如果你的激将法太露骨，让对方一眼识破的话，不仅不会达到你使用这个策略的目的，相反还会把自己逼到十分被动的地位。如果遇到心思缜密、经验丰富的谈判对手，可能落入对方精心布置的陷阱。

(5) 激将法的使用必须因人而异

在谈判过程中一定要摸清楚对方的脾气秉性才能选择是不是使用激将法，以及如何使用。碰上老谋深算的谈判对象，最好不要使用，因为这样的方法对他们不仅不会奏效，还有可能产生副作用，使对方出现逆反心理。

7. 虚张声势，让对手错误决策

【谈判术】

暗示对方你们实力强大，并不是只有对方这一个合作对象，并且能够承担谈判告吹的后果，使对方手忙脚乱，你再站出来为他“出谋划策”。无疑，这种策略将会为你带来意想不到的利益。

虚张声势，顾名思义就是假装出很大的气势，而实际上并没有那么大的气势和实力。假造声势的目的在于吓人，让对方在恐惧的心理下答应你的要求。心理学研究发现人在紧张恐惧的情绪中会失去理智的判断，如果在谈判中运用虚张声势的策略，会把对方领进你设计好的圈套。

玩过“杀人游戏”的人都知道，如果自己抽到了杀手牌，在互相指认的时候，如果有人指认自己是坏人，最好能够虚张声势保证自己的清白，这样能在最大程度上让别人相信你是被冤枉的，可为自己保存更久的实力。

在谈判中虚张声势就是使对方相信你有很强的实力，主动做出大胆的决策或者超乎想象的陈述，这样的表现很难让对方不相信你的强大，心中打鼓尽早妥协。

在小说《致我们终将失去的青春》中，可以说郑微就很懂得虚张声势的妙处。起初大肆宣扬要追陈孝正，死缠烂打毫无结果的时候，又宣布放弃了，不玩了，而这时候的陈孝正反而是沉不住气的那个了。正是郑微的虚张声势使陈孝正失去了正确的判断，以为没有了成为郑微男朋友的机会。

谈判时虚张声势的时机很重要，在对方用各种条件压得自己喘不过来气，已经难以辨别对方的目的何在的时候，最好能够用虚张声势帮自己打气，试探对方如此强硬的真实用意。

当然只知道虚张声势，而不晓得如何辨别虚张声势，就很容易掉进狼窝。要想了解对方是真有实力还是假装很强，就需要在谈判之前做足功课，做到知己知彼，才能在谈判的博弈中取得最后的胜利。

2009 年，俄罗斯石油公司和石油管道运输公司同中国石油签署了为期 20 年（2011 年至 2030 年）的石油供应协议；中国国家开发银行则向两家俄罗斯公司分别贷款 150 亿和 100 亿美元，以获得 3 亿吨俄罗斯石油。当时俄罗斯石油是通过东西伯利亚太平洋油管运往中国，按整条线路定价，由于东西伯利亚—太平洋石油管道中国支线投入使用后输油距离变短，中方认为价格应该每桶降低 13 美元，但俄方坚持要求每吨 65 美元的运费，这种争议导致中国石油拖欠俄方款项。相比较欧洲需求的稳定，中国是一个巨大的增量市场，俄罗斯很希望在中国获得更多石油利益，与此同时，正是中国需求猛增逐渐给予俄罗斯一种幻觉，认为中国为了满足需求可能会愿意付出更多以确保能源安全，从而在两国油气合作的过程中要价过高。

由于中国石油未能全额支付石油款项，俄罗斯石油管道运输公司表示准备提前偿还中国贷款，威胁将终止向中方供油并向法院起诉中方。这反映了俄罗斯在对华出口石油方面一贯的谈判风格，即缺乏信用基础上的强势态度，往往已经达成的协议在执行时出现问题，将中方置于不平等的地位。

然而，俄方的威胁并没有得逞，此次威胁终止供油不过是一种虚张声势的谈判策略，因为俄罗斯公司根本没有能力提前偿还中国的贷款。所幸的是，中方及早看出了俄方虚张声势的把戏，才维护了我们的国家利益。

在谈判中，有一些方法可以用来帮你完成虚张声势的策略，一是让对方相信他们不是“唯一”，二是让对方相信你们负担得起谈判失败的所有后果。

作为谈判人员，你可以告诉对方自己有很多的合作伙伴。无疑，每家公司都喜欢和实力强大的公司合作，这样可以带动自己的快速发展。为了让对方相信自己具有真实的实力，可以在谈判过程中刻意透露给对方除了对方你们还有很多家的合作对象，并不是非要和他们合作不可的。

这样的暗示会使对方紧张且担心失去这次合作的机会，同时给对方留下一个实力强大的印象，在这种心理的支配下会急于和你达成合作意向，自然方便为自己在接下来的谈判争取更多的利益。

你还可以挑选比较高档的谈判场所，挑选高消费的地点作为谈判场合，并且自己主动承担费用。另外谈判告一段落的时候最好能够主动邀请对方用餐，用餐也一定要显得高档次，并且过程中表现得自己很大方，不会为一点“小钱”斤斤计较。这样不仅会使谈判双方的心情愉悦放松，还会使对方确信不疑你们是有真正实力的。

第十章
表面屈就，让对方感到自己赢了

当谈判的整个过程都坚持下来了，千万不要在最后关头功亏一篑，即使达成了自己满意的结果，也要想办法让对方有胜利感和满足感，为自己培养长期的合作对象。

1. 提出夸大要求，勉强让步

【谈判术】

敢于在谈判开始就提出超出自己预期的要求，逼迫对方做出选择，然后再勉强做出一次又一次让步，为自己留住尽可能多的利益。

让步的策略运用得当可以帮你完成一场有效的谈判。同样，在谈判中一开始就提出夸大的要求，甚至是对方无法接受的要求也会帮你成就有效地谈判。

你的初步要求越高，那跌到最低要求的速度就慢一些，可能也小一些。就像如果你在一间餐厅就餐不满意，虽然你只需要他们不收取服务费你就感到很满意了，但是却要求对方取消全部的账单，这样，就会得到比仅仅不收服务费更好的待遇。

这就是在谈判中提出夸大要求的妙处，你可以在接下来的谈判中勉强做出让步，虽然给对方造成了谈判艰难的印象，却为自己保留了最大的利益空间。并且，你的勉强虽然表面上让对方觉得你已经屈就对方了，他已经赢了，实际上你已经拿到了比自己预想中更大的利益。

这里有一个需要注意的问题就是，如果你对自己的谈判对手了解得越少，就越应该在谈判开始提出尽可能多的要求。

约翰·布罗德福特律师来自得克萨斯州的阿马利诺，他曾讲述了这个原理。他正为一名想买一处不动产的买家做代理，虽然他已想出了一个方法，但是他认为："我要看看罗杰的'提出比你想要得到的更多的要求’的原则是怎样运行的。”因此，他凭空想像向卖方提出二十三段要求。其中一些要求甚至是很荒谬的，他自己认为至少有一半的要求可以立即删除。但是让他惊奇的是，卖方只对其中一段中的一句话提出了强烈的反对。即使这样，约翰并没有立即让步，他坚持了几天，最后时刻勉强做出了让步。虽然他在二十三段要求中只删去了一句话，但是卖方仍感觉到自己取得了谈判的胜利。

这就是提出更多要求带来的好处，商业谈判中也是如此，你向对方要求得越多，很少有人会觉得你太荒唐，只会在接到的条件面前尽自己最大努力争取最好的结果，这样一来，主动权就握在你的手里了。

也许有些没有经验的谈判人员不敢在谈判中提出过多的要求，害怕把自己的客户吓跑。但是很有可能你不敢提出更多的要求，就会制造一个僵局，对方会在本来你的最低要求基础上继续逼你降低要求，这样一来，你就真的没有什么让利的空间了，而且你很希望和对方完成这笔交易——这样，僵局就出现了。

有能力的谈判家会告诉你，不要害怕在谈判中提出夸大的要求，因为这样的要求往往能让对方感觉自己获胜了。如果你提出了远远高于对方的要求，那对方就会在谈判中尽最大的努力让你减少自己的要求，在这个过程中，你一定要注意不能一下子降到对方的要求，要一点一点做出十分勉强的让步，让客户在感觉你已经无可再让的情况下答应对方，他们就会感觉自己取得了胜利。

往往有一些销售人员会想“如果我要求太多，他们只会嘲笑我。”实则不然，越多的要求越会让对方觉得这个合作得来不易而倍加珍惜。

不难理解，你的夸大要求不是为了和对方较劲，而是为自己争取更大的谈判空间。如果作为销售人员，你向顾客要的价格只能是不断降低，而不会升高，这就要在一开始要一个高价。如果你是买家，你要的价格只能不断升高，而不是降低，这就要在一开始就给出一个很低的价格。这样做的目的是为你的降价和涨价留有一个很大的空间。

这样，你就会让对方觉得他已经把你的利益空间挤到最小了，你的勉为其难会让他很有成就感。

如果你没有在一开始就为自己要一个好的条件，就很难说对方会在完全不知情的情况下还会给你一个好的条件。可以说是这种提出很多要求的策略为你赢得了谈判中的灵活性。你的初期主张可能不会令对方接受，或者你的态度很强硬，你就可以先不开始谈判，等待对方的反应，一般情况下，对方很少出现“那我们没有什么好谈的了”这种情况，而是在你的要求基础上谈判。万一对方出现逆反情绪，你还可以运用我们前面提到的化解之道来为自己解围。

2. 诱导对手下定决心

【谈判术】

威胁？优惠？欲擒故纵？分析形势？对，这些方法都可以用于诱导对方下定决心跟你合作。现代经济社会，时间就是一切！

恋爱是一种很微妙的东西，每个人都不是在一开始就下定决心和对方在一起。作为男方，如果你确定女生对你有感觉，只是她还不确定你是不是那个对的人，这个时候，如果能用若即若离的态度诱导对方，对方很有可能会下定决心和你在一起。

谈判也是如此，谈判双方在一开始并不知道对方是不是适合和自己合作，只是在谈判的过程中不断加深对彼此的了解，才会考虑要不要达成合同。

那在这个过程中你要做的就是减少对方犹豫的时间，促成他尽早做出决定。时间拖得越久变数就会越大，在谈判中要尽量减少拖延。

李阳是二手房交易的一名职员，手上有两套待售的房子，户型一样，但因采光不同要价上也有差异，A 套在阴面要价 120 万，B 套在阳面要价 130 万。

孙小姐和李先生同时看上了 B 套房子，但是李先生先下了订单，所以孙小姐显得很失望。李阳向孙小姐提出可以考虑一下 A 套房，并带她去看了房子。孙小姐感觉还不错，但是想到自己因为 10 万块钱就要住在没有阳光的屋子里，心里就不痛快。虽然李阳和孙小姐也面谈过四五次了，可是孙小姐就是迟迟不肯下单。

于是李阳决定“逼单”。这天下午，李阳拨通了孙小姐的电话：“孙小姐，您现在方便接电话吗？……喔，是这样的，因为我们现在有一个客户非常中意 A 套房，所以我想问问您的意见。因为您毕竟先看的房子，而且我们也谈过几次了，您要是愿意要这房子呢，我就给您留着；您要是不打算要了呢，我下午就让那位顾客来办手续了。您觉得呢？”孙小姐一听急了，连忙说：“那我们下午见面谈谈吧。”虽然最后李阳让价了两万，但是却也逼单成功，顺利地拿到了订单。

孙小姐正是在李阳的“逼迫”下，才下定决心购买房子的。如果没有李阳的苦苦相逼，或许就不会有这单生意了。逼单是销售过程中最重要的一个环节，逼单成功，万事大吉；但是若逼单失败，则功亏一篑。

销售谈判是一种结果式的谈判，没有结果的销售就是失败的谈判。但是你不能说那些“深思熟虑”的人不对，你需要做的就是打消他的顾虑，省去他的磨磨唧唧，跟你成交，这个时候“逼单”就刻不容缓了。

逼单是每个销售员都要面对的考验。客户多数时候是不会主动提出订单的，这时候就需要你主动地推他一把，否则煮熟的鸭子也会有飞走的时候。

你可以采取威胁法。威胁就是利用客户的“害怕买不到”的心理，来促成交易。告诉你的客户“今天是优惠的最后一天，产品很受欢迎，明天再过来可能就没有货了，并且以后再也不会有这么划算的优惠了。”人们通常对难得的东西比较珍惜，越是难以得到就越想要得到。我们经常看到的“限量1000件”也是此类方法。

还可以采取额外优惠法。所谓额外优惠就是在正常交易的基础上再给客户一些小小的优惠，人们都有占便宜的心理，当客户在犹豫不决的时候，适时地给他一些优惠会引起客户的极大兴趣。这样的优惠不一定要是数量多么的大，只要一些小小的赠品就有可能打动客户的“芳心”。你可以直接告诉他：“这么说吧，这个我们真的赚不了多少，如果您真的诚心要买的话，我就赠给您一个开水壶，就算是拉一个回头客了。”或许就是这样一个小小赠品，就可以为你赢得一单生意。

实际上，在销售的时候会碰到一些客户，不乏那些明明已经看中了产品，但是由于一些原因就是不下定决心购买的。这个时候，作为销售人员不妨直接收拾东西，装出要放弃这单生意的样子。不难推测，如果客户真的想买的话，那这种假装的策略是绝对管用的。

此外，还有前面曾经提到过的，让对方意识到放弃这单生意对其自身的损失。我们都知道，谁都不想因为没有完成一笔交易而对自己形成损失，如果在销售中你能够顺利说服对方相信，不购买你的产品是自己极大的损失时，那很难想象对方会不接受你的推销。这样的方法比直接夸赞你的产品效果要好得多。

3. 与大客户谈判的技巧

【谈判术】

树立信心，争取承诺，充分利用自己的相对优势以及严格要求自己，都可以帮助你在与大客户谈判的时候胜出。

市场经济时代，商场中存在大大小小的利益集团，通常大的客户会帮助自己获得更多的利润，取得更好的发展空间。但是，和大客户谈判是艰难的。

在营销实战中，经常会有这样的情况出现：当你千方百计打听到了项目信息，最后却发现只是客户放出的“烟幕弹”，虽然花了不小的财力与精力，最终却发现客户连立项的基本需求都没有；好不容易“搞定”了某位负责人，就在即将下单签约大功告成之际，客户单位却临时换人，新的项目负责人上台，一切又得从头开始。

之所以会在谈判合作中处于如此被动的地位，究其根本还是自身实力不够强大，无力应付大客户的强大手腕。那么在和大客户的谈判中，掌握一定的谈判技巧，才能掌握客户的真正需求，促使谈判成功，顺利拿到合同。

在谈判过程中，无论面对什么性质的客户，自我介绍都是必不可少的，在和大客户接触的时候，这个环节更是不可缺少。自我介绍的关键是在客户面前树立自己的形象，让对方不敢轻视你。你可以介绍一下自己，此次谈判的主要目的，最好能够专业地问问对方的背景情况，可以不是产品方面的。

但是要注意的是自我介绍的时间不能太长，现代人最讲究办事效率，没有哪个客户愿意听你的自传，特别是大客户，对他们来说生意比你更重要。在简单的自我介绍后要尽快切入谈判的主题。

另外，不能在谈判一开始就拿出自己的方案。在没有听取对方的条件和需求的时候，就告诉对方你打算怎么做，除了让客户觉得你不够专业外，还有可能因为错失倾听对方，在之后的谈判中让对方牵着鼻子走。

虽然自己实力不强，但是在谈判的时候要始终保持自信的心态，确信自己的产品能够给对方带来好处，重要的是也要让对方相信。至于如何使对方相信，我们讲过最好能够拿出具体的数据，数据是最有说服力的。比如“我们有 60 个技术支持人员和 8 辆配送车”、“到目前为止已有 8 家中大规模的公司跟我们确立了合作关系”等信息都能透露出你们产品的可信度。

在和小客户的合作中，通常谈判一两次基本都可以确定合同签署订单了，但是大客户却不同，经常在最后要签单的时候出现问题，没有失败也没有成功，只是暂时的不成交。主要原因就是大客户比小客户拥有更多的合作对象，自然不怕失去你这一个。这个时候你就要在谈判过程中一点一点要到对方的承诺，直到对方答应签单。

前面说到大客户是不止你一个合作伙伴的，那么又应该怎样做才能在惨烈的竞争中脱颖而出也就显得尤为重要了。一般来说，竞争对手的实力都是相当的，那就要寻找自己的相对优势，以此赢得合作的机会。

在一次项目竞争中，A 公司和另外两家省内公司进行竞争，这两家公司分别代理的是西门子和 ABB 公司的产品。它们兼有本土公司的人脉优势与跨国公司的技术优势，非常难以对付。但 A 公司优势也非常明显，就是系统的整合优势。当时恰逢西门子公司的产品出现了一点软件故障，导致客户公司生产线不能正常运行，而等国外的工程师到达现场，至少都要在二十天以后。这时 A 公司立即出动了北京总部的专家团队，无偿为该客户解决了这个问题。这件事不仅为 A 公司赢得非常珍贵的信任票，也使西门子公司夺标无望。

西门子虽然出局了，ABB 同样不好对付，而且听说该代理商老板与客户公司的老总还有远房亲戚的关系。经多方打听 A 公司了解到，客户公司老总的妻子曾经是 A 公司一位营销经理的同事，而且她还欠这位经理一个“人情”。在竞争的白热化关头，人情因素成为重中之重，A 公司立即指定这位经理为该项目投标负责人，并开展一系列的企业公关活动。

刚好客户公司老总的小孩生病住院，该项目经理偕同妻子专程到医院探望，两位年龄相仿的母亲一见如故，在子女教育方面有聊不完的话题，相互之间都成了知己。事后客户公司的老总回忆说：“A 公司是在真诚地关心人，冲着这份真诚，也要交 A 公司这个朋友。”

可在竞争中不是只拼绝对优势，相对优势也会帮助你赢得交易。

最后一个问题也是容易被忽略的问题，就是在拿到订单后往往就会放松警惕，马虎大意起来。而大客户在工作中要求是很严格的，这样就要求在最后阶段做好细节问题，避免因小失大。

4. 巧用对方的冲动心理

【谈判术】

取得对方信任，做足表面工夫，抓紧每个顾客可能动心的瞬间，给对方尽可能少的思考时间，在对方最冲动的时刻促成交易。

都说女人是容易冲动的生物，特别是在购物的时候。每个女人衣橱里能没有几件因为一时冲动买来的价格不低却不知在什么场合穿的衣服呢？对于消费者冲动购物过程的跟踪分析研究表明，消费者的冲动行为主要是源于消费者本身的特性和商店环境的影响。

在销售中如果能巧妙地抓住对方的冲动心理，用言辞激起对方购买的欲望，就会促成一场完美的交易。

吕晶是一名普通的公司文员。她平时并不是一个易冲动的人，却在今年五一假的时候一下花九百块钱买了两双高跟鞋，那可是她那半个月的工资。

事情是这样的，那天放假，晶晶在商场乱转悠。看到一个不大的店里挤满了人，觉得好奇就走过去看，只听音箱中一个温柔的声音："尊敬的新老顾客，为了感谢您的支持，我店今天进行酬宾活动，一律半折，仅此一天……"晶晶一下就被吸引了，刚进去，店员就热情地招待："请随便看看，看中了可以试喔。"晶晶试了好几双，其中有两双她都特别喜欢，不知道该买哪双。正在犹豫不决的时候，店员热情地说："夏天一双凉鞋肯定是不行的，反正又不贵，就都买回去换着穿呗。而且就今天半折哦，明天再来可就恢复原价了。刚刚还有一个小姑娘一口气拿了四双，因为她经常在我们店里买鞋，知道平时的价格，所以觉得今天买很划算……"结果晶晶一冲动，花了九百块钱把两双鞋都买了下来。

可见在这个购物过程中，店员的"花言巧语"是起到很大作用的，没有店员的煽风点火，吕晶不会连仔细考虑的时间都没有。况且店员说的也不一定全是实情，可是冲动的人是很少思考对方说的到底是不是真话的。

卖场陈列、灯光气氛、促销活动等都很容易激起顾客的购买冲动。因此，销售人员要学会利用顾客的冲动心理来为自己赢得更多的交易。

那要怎么激起对方的冲动心理，使客户产生购买欲望呢？

（1）先建立和客户的互信关系

一般来说，客户到一个陌生的环境购物，都是抱着警惕心理的，防范的意识也比较强，在这种情况下不会被销售人员牵着鼻子走。只有帮助客户消除紧张警惕的心理才会勾起其冲动的购买欲望。

所以在客户刚刚踏进店门的那一刻就要开始和客户建立互信关系，最好不要一上来就向客户推荐什么，而是真诚地询问顾客有哪些方面的需要，并且详细地向顾客讲解什么样的产品更适合他，而不是一味地挑最贵最好的进行推销。这样客户就会认为你是真诚的，比较容易信任你，这样再去提高顾客的购买兴趣就相对容易了。

（2）要抓住每个顾客可能动心的机会

在和顾客交流的整个过程中，一定要认真听顾客的需要，根据其需要推荐产品，并且要准确地捕捉顾客的哪怕是一瞬间的购买冲动。一旦发现，就要全力地跟进，以最短的时间，在顾客冲动消失之前说服其完成购买活动。

因为客户的“冲动期”是他最不理智、最容易听进周围人建议的时候，如果把握不住这个机会的话，顾客会很快冷静下来，思考有关这个产品值不值这个价格，这个产品自己有没有购买的必要等等现实问题，那个时候再试图说服顾客，成功的几率就很小了。

（3）不能忽略表面工夫

任何人都喜欢在环境好、整齐、舒适的地方购物。所以，作为销售方来说，表面工夫就是不得不做的了。商品的陈列最好能够做到使顾客一进来就一览无余，所有的商品都尽收顾客眼底。再者最好把最畅销和利润最高的商品摆在顾客容易发现的位置，使这些商品能最先进入顾客的视线。

还要努力营造良好的购物氛围，吸引尽可能多的顾客。因为从心理学上来看，人都有看热闹的心理。看到一个地方聚集了很多人，会不由自主地想要看看到底有什么那么吸引人。顾客越多，顾客冲动的几率也就越大。

(4) 尽量提供一些优惠

使顾客占便宜的心理得到满足，以小带大，让他产生强烈的购买冲动。虽然你可能需要付出一些小代价，但是购买的顾客多了，你的利润也会增加。

5. 书面文字让对方更放心

【谈判术】

在谈判的时候，拿出最有说服力的书面数据，拿出精心策划的合作规划，会使你的客户更放心地跟你合作。

新婚姻法的出台引来众多争议，其中一个焦点就是房产证写谁的名字的问题。房产证上的人名代表了对房子具有所有权的人。两个人结婚，虽然丈夫承诺这个房子是夫妻两个人共同所有的，但如果没有在房产证上签上两个人的名字，这种承诺在法律意义上是不被承认的。这就是书面文字的力量。

小赵马上就要结婚了，原来打算在房产证上只写一个人的名字，但是吵得沸沸扬扬的新婚姻法着实改变了两个人的主意，小赵说："结婚的时候，两家在不同方面都出钱了，房子也不能说是我一个人的，所以我和女朋友商量了一下，觉得从购房合同开始，就要写两个人的名字。"

新婚姻法中有关房产权属的问题经过各方热议后正在持续"发

酵”，除了有市民到房管部门要求在原有房产加名外，在一手房市场上也开始有所体现。日前，某市一家楼盘开盘，选定房源签合同时，写两人名字的现象有所增多。据该楼盘销售经理介绍，有这种想法的购房者比前几次开盘增加了一成多。

可见，即使是在未来生活中最亲近的两个人，也会选择有一份书面上的保证。

俗语有，“这个人怎么翻脸比翻书还快?”这是生活中我们经常能够听到的话，这说明在现实生活中口头的承诺更容易反悔，也更没有安全感。而安全感是每位谈判人员在谈判中寻找的东西。任何一个谈判者都希望自己的合作对象是一个信守承诺的人，而语言的力量又是微乎其微的。

口头的承诺随时可以反悔，在谈判中一点保障性都没有，而书面的东西，一旦签字生效就是受到法律保护的。抓住了对方的这一心理，在谈判中主动拿出书面的承诺，会让对方更放心地跟你合作。

正是由于此，对方会更希望你在书面上给予一份证明，让彼此的合作关系更有约束力。那就有必要在谈判的时候准备一份书面文字，一来让对方了解得更清楚，二来让对方更有安全感。

一般情况下，书面的资料要准备充分，包括谈判的议事日程，谈判的主要内容，合作中愿意承担的义务等等，这样一份书面资料交到对方手里，对方感叹你专业的同时，也会有更多的思考时间，促成谈判的早日完成。此外，书面的东西相对于人与人之间的直接交谈来说是间接的，这样的方式可以把不方便提的要求用文字的形式表达出来，也给了对方一个表达的机会。

很多谈判人员都遇到过这种情况，自己苦口婆心说了一大堆，在这个过程中，对方并没有提出太大的异议，同时也没有表现出不愿意合作的意向，可就是不下最后的决定。这个时候你就要考虑是不是由于没有给出对方书面承诺的原因。

我们提到过说服对方最好的方式并不是诋毁自己的对手，也不是漫无边际地夸赞自己，而是能够拿出自己有实力跟对方合作的证据。而这种证据莫过于具体的数据信息。假如你开始就把数据清单报表摆在对方面前，胜过你说一千句话。

因此，在谈判一开始最好能递给对方一份自己公司的简介，这里面可以包括你公司的规模、主营方向，都跟哪些公司建立了合作关系，最好把有影响力的大公司写在最前面，曾经出色地完成了哪些重要的项目，等等，这样的具体文字显然是胜过你单纯地夸自己的公司好得多。

在谈判进行中，你要尽可能提供出客户可能问到的一切具体问题的数据，比如你们承担的大项目具体执行情况等。就算你不能立即给对方，也要承诺在回去后会整理一份给对方，打消对方的后顾之忧。

谈判进入到实质性阶段是最最重要的阶段，这个时候最考验谈判的诚意，对方肯定希望你能够拿出一份关于这次合作的详细计划书，如果这个工作你没有做好，很难相信会有哪一家公司愿意和没有明确规划的人合作。

如果这些书面的东西，谈判的时候你都不能为对方提供，最好是商量一个下次谈判的日期，这样对方会认为你比较有诚意，会愿意给你合作的机会。如果你硬着头皮谈判，却是一问三不知，很难不让对方感到反感，必定会影响谈判的结果，也会影响你在业界的声誉。

6. 重视谈话的结束语

【谈判术】

结束语一定要说，并且一定要说得诚恳，给对方留一个好的印象。结束语最好独特一点，给对方留一个深刻的印象。

虎头蛇尾，就是说话办事只注重开头，忽视结尾，这样做事做的是不完善的事，这样说话说的是不完善的话。这也是在谈判中必须要忌讳的。和他人谈判，说好了开头，能够争取到继续谈判的机会，说好了结尾，给谈判画上一个完美的句号，还能争取下次的合作机会。

心理学研究发现，在一个事情从发生到结束的整个过程中，开头和结尾给人的印象最深刻，往往能够左右人的记忆。这个心理特点在谈判中同样存在。

一天，王崖的同事到他家来做客，两人谈得非常投机。可是当同事告辞出去，刚跨出王崖家的大门，王崖便“砰”的一声把门关上了。同事的心理顿时升起一股凉意，从那以后，他见了王崖便绕着走了。

其实，不管是谁遇到这种情况，心里都不免会凉半截。也许是王崖无意冒犯了同事，可是对同事就不一样了，心中总会有所猜疑，原本畅谈甚欢的兴致，也就被那“砰”的一声一笔勾销了。

俗话说得好，“编筐编篓，重在收口”，结束得好才是一个完美的结局。在谈判过程中，分手时的印象足以左右整个会面的结果，是成功还是失败，最后一刻的表现尤为重要。此般结束语的运用在课堂上的妙处可以为我们提供很好的借鉴。

要想让课堂教学结构达到艺术美的境界，必须设计艺术特色的结束语，使学生的思维不仅仅局限在课堂之内，还要继续向课外有机延伸，学生在课外仍保持强烈的求知欲望，去积极探索未知的世界。这样的课堂结束才是最高境界的结束，绝非仅仅把课讲完而已。

有位名师，在讲小说《孔乙己》时的结束语就很值得借鉴："鲁迅先生在小说《孔乙己》中塑造了孔乙己这样一个悲剧人物形象，批判了科举制度对知识分子的迫害。而下一篇课文《范进中举》，同样反映了这一严肃的主题。那么，比较一下，鲁迅笔下的孔乙己和吴敬梓笔下的范进，人物境遇有什么异同？人物性格有什么异同？写作上有什么特色？"

这样一个结束语既是对旧课的收场，又预示了新课将要开始，成了新课的开场白，为旧课的收场和新课的开场都很自然的作了巧妙的过渡。好的结束语应该精当明旨，令人回味无穷，突出文道统一。

这个道理运用在谈判中就是在谈判结束的时候要让对方觉得这次合作很愉快，还要使对方期待能够有下一次的合作。

一般，人们在谈判结束得时候会采取"再见"、"再会"、"有时间再联系"等等作为结束语，但是这样的结束语太平淡了，难以给对方留下深刻的印象，在下次有合作机会的时候，对方很难会首先想起你。所以，我们有必要足够重视我们的谈判结束语。

如果在和对方谈判结束的时候，觉得谈判的内容有欠妥的地方，或者希望内容仅限于谈判的双方知道，在谈判结束的时候就要关照对方这次谈判的内容最好能够保密，你可以这样说："张经理，刚才我说到的一些话，有些是很不成熟的看法，鉴于咱们的良好合作关系我才讲的。我觉得这些话还是没有必要让除了你我之外的第三者知道，以免引起不必要的麻烦。"

这样的结束语，能够提醒对方要注意防患于未然，这样“交心”的嘱托能使对方认为你是更信任他的，能使双方建立互相信任，共同承担责任的合作关系。

另外，在谈判结束的时候，要表现出自己的热情，不能让对方产生合作这一次，对方就没有了利用价值。所以不论谈判过程多么紧张，多么艰难，不如在谈判结束的时候告诉对方：“真是荣幸，以后就多了一个贵公司这样的合作伙伴，请把我们当做朋友，下次经过这里，一定要上来坐坐。”

这样邀请对方的结束方式，虽然听起来免不了客套的俗气，但是对于陌生人来说，往往最能获得对方的赞同，给对方留下一个好的印象，获得对方的认同，为下次合作埋下伏笔。

可见，谈判的结束语并不是可有可无，也并不是无关紧要的。需要注意的是，结束语并不是随便说说的。结束语说得好，能够给对方留下深刻的印象，争取下一次的合作机会。结束语说得不好很有可能会毁掉你在客户心中辛苦建立的形象，之前的所有努力都有可能白费，下次的合作就更别奢望了。

7. 一定要祝贺对方

【谈判术】

一句“你赢了”胜过一千句“成交了”，永远让对方觉得自己占了巨大的便宜，会使每一次谈判以“双赢”的结果收尾。

我们不止一次地说过，谈判是双方利益的博弈，谈判双方都在为自己争取最大的利益，所以在谈判结束的时候，你一定要让对方感到从你这里已经获得了最大的利益，所以一定要祝贺对方。

这也就是说，无论在谈判的时候你是否获得了比自己预期更好的合作条件，无论对方在谈判中的表现有多糟糕，在谈判结束的时候你一定要恭维对方，祝贺对方赢得了这场谈判，避免对方出现失落的情绪。

或许这一小小的细节对你来说是微不足道的，但是假如能让对方觉得你做出最后的决定损失巨大，让对方觉得自己赢得了这场谈判，从你手里获得了最大的利益，往往会让对方失去理智的判断，以为自己赢得了这次谈判。

几年前，科恩去墨西哥旅游。在炎热的天气下，他发现前方有个小贩身上竟套着一大叠披肩在高声叫卖："1200 比索！"

科恩从来就对披肩不感兴趣。于是，他继续向前走。

"大减价，1000 比索啦。"

见鬼！科恩转身离去时，小贩的脚步声居然伴随他左右。小贩的声音在他耳边一遍又一遍地响起："800 比索、800 比索。"

为了摆脱小贩的纠缠，科恩开始大步向前跑，但是小贩却紧跟着他不放，而且要价已经下跌到 600 比索了。当科恩通过十字路口，庆幸甩掉了小贩的纠缠时，耳边又听到小贩拖拉的脚步以及熟悉的叫卖声："先生，先生，400 比索。"

这时汗流浃背、又累又渴的科恩对小贩厌烦无比，于是咬牙切齿地说道："告诉你，我绝对不会买你的披肩，别再跟着我！"

"好吧，算你赢了。"满脸流汗的小贩回答道，"只卖你 200 比索。"

"你说什么？"科恩对他自己的反应也吃了一惊。

"200 比索。"小贩重复道。

"好吧！让我看看你的披肩。"出乎意料地，科恩对小贩说。既然不喜欢披肩，为什么又关心价格呢？科恩想自己那时真是鬼使神差了。但小贩从 1200 比索降到 200 比索，他实在不知道自己有什么魅力，竟让小贩对他如此情有独钟，这么热的天紧追不放，把价钱降了1000比索。

虽然浑身是汗，科恩还是将披肩披在身上，得意扬扬地走进旅馆，兴奋地冲太太喊道："嘿，你看我买了什么？"

得知事情的原委后，他的妻子轻蔑地说："嘿，真有意思，我买了件和你相同的披肩，只要150比索，就挂在柜子里。"

顷刻间，科恩颜面扫地。

在这个谈判的过程中，小贩利用科恩好胜和虚荣心强的心理，以一句"你赢了"抓住了科恩的兴趣，推销出了自己披肩。

任何一个谈判人员都不希望自己的谈判是失败的，即使是谈判新手也是如此，所以，谈判结束的时候要让对方感觉良好，觉得自己赢得了一场谈判。因为谈判人员最需要的就是自我心理的满足。

可能有人会说了，既然对方没有赢得谈判，又为什么还要祝贺对方呢？难道让对方感觉胜利了那么重要？

没错，是的，让对方感觉自己赢了真的很重要。

作为复杂的人类，除了物质上的需求，还有一种需求是心理上的。我们知道，在谈判中我们不可能答应对方的所有条件和要求，这样对方难免会产生失落的情绪，觉得自己没有很好地完成谈判。这个时候，不论对方表现怎么样，你在最后祝贺对方，都会让对方产生一种心理上的满足感，以此来弥补谈判中的损失。

此外，谈判的过程必定是艰难的过程，双方都在尽力维护自己的利益，如此这般紧张的争取结束谈判，如果你能在最后时刻恭喜对方赢得了谈判，他会觉得自己在谈判中锲而不舍的努力没有白费，正是他自己的坚持才赢得了这场谈判。

这样做，可以显示出你的大度和佩服，给足了对方面子，即使对方知道你说的可能不完全是真心话，但是他还是愿意相信。你的话让他脸上很有光，即使谈判结果离自己的预期可能还有一定的差距，但是因为你的夸赞让他很受用，很有可能下次他还会考虑跟你的合作。

成功的谈判不是你的所有需求都得到满足，而是在自己利益满足的情况下，也让对方相信自己的需求得到了满足。这也是双赢的一种。

8. 谈妥之后别忘了告别

【谈判术】

谈判结束不忘记告别，但是也要注意不能停留过多时间影响客户的正常工作。并且也要注意不能显示出自己的自大情绪，方能保证今后的合作机会。

当一场谈判终于结束，你也终于拿到了合作的合同，是不是可以松一口气，大功告成了呢？其实不然，也许你想尽快向自己的上司交差，向自己的同事报喜，或者回去好好庆祝一番，但是，别忘了和你的谈判对手告别。

如果在对方签字完毕后扭头就走，就算你不是皮包公司，也难免会让对方觉得你在敷衍了事，显得太没有礼貌了。俗话说“去时要比来时美”，会给客户留下深刻的好印象。

正如一首诗，无论开头多么“气势磅礴”，若结尾软弱无力，都不会是首好诗。但如果开头平淡无奇，而结尾句余韵无穷、意境深远，却堪称是首好诗。对销售人员来说，不一定一次就访问成功，你可能要跑好几趟，那么请记住：第一次的辞别是决定下次访问是否受到欢迎的关键。

要想让自己的客户绝对满意，正式谈判结束后的告别也是非常重要的，不仅仅是为了让客户对这次的合作满意，更重要的目的是可以让对方对你留下很好的印象，不至于抵触下次的合作。

比如“真的很高兴能跟贵公司有这次合作的机会，希望还有下次”、“如果发现我们的产品有什么问题出现，可以随时和我们取得联系，我们会尽快上门服务的”、“我们的产品是有保质期的，这期间如果出现什么问题尽管找我们”等等这样的承诺，都会让对方很放心，比起一般的“下次见”更有魅力。

此外“如果贵公司以后还需要类似的产品也可以联系我们”这样的告别会为今后的合作铺好道路。

所以，谈判结束，如何跟客户告别也是至关重要、不容忽视的。

一位医学毕业生选择到医药公司择业，最后将目光瞄准了那些医药业的巨头。在所有的应聘回复中，有一家西药公司的面试被安排到11点钟。这位医学生9点30分就来到应聘的面谈地点等候。这是一家很高档的酒店，在那里同样有很多等候面试的毕业生。坐下后他就开始跟边上的人聊天，互相探讨面试心得。结果发现那些同样过来面试的，个个谈吐不俗，有的甚至还堪称前任公司的主力员工，至于他们到这里只是找工作经过的一个站而已。听到这，这位医学生不禁紧张起来。

11点整，秘书小姐点他的名字请他进去参加面试。在面试的最后一阶段，就是一个英文的考察。HR让他自己随便说点英文，于是这位医学生就告诉他：“和您交谈我感到非常愉快。从您身上我看到了贵公司制度的严谨，对公司有了一定的了解并非常喜欢这样的公司。如果公司决定录用，我将会竭尽全力为公司效劳！”HR点点头，非常满意这样的回答，然后简短的回复后就让这位医学毕业生离开了。最后这位医学生顺利地拿到了公司的录取书，这跟他最后的告别不无关系。如果没有大胆的结束环节，相信不会有如此完美的结果。

由此及彼，在谈判结束后我们也不应该忘记下面这些步骤：

（1）谈判结束对客户表示感谢

谈判大功告成，签字页完成了，对你来说紧绷的神经终于可以放松了，谈判成功拿下单子，你自然是很高兴的，对客户表示感谢也是情有可原的。但是，这方面一定要注意，对客户的感谢要仅限于“感谢贵公司的合作意向，希望我们合作愉快”，绝不能表现出过分的谄媚。

这方面需要明确的是，这次的合作机会是你通过自己的努力争取来的，不是客户赏赐给你的，也许你只是一个谈判新人，但是也绝不能对客户没完没了的感谢，因为买卖交易是一种互利的合作。如果你拿到订单不能自己，很可能会让对方看不起你，甚至会对你们的实力产生怀疑。

（2）观察客户的意愿

前面说过，在谈判结束后能不能马上离开，主要还是看客户的意愿。如果客户希望你能留下再待一会儿，你却急着离开就会显得很不礼貌。

一般情况下，订单拿下，你较早地离开没有什么不妥，但是需要注意的是，一般买主握有主动权。如果对方是卖家，谈判结束后他主动站起来和你握手，就表明他不希望你多留，你就要很快反应过来，不能再说多余的废话，让对方反感。

（3）签约后的态度

这是谈判结束告别需要注意的一个很重要的问题。人们往往在谈判开始时是忧心忡忡，担心谈判不顺利，所以难免紧张。谈判结束，订单拿下，你可能会松一口气，但千万不要过于松懈。

也许你在这次谈判中获得了比你想象的更多的好处，但是切不可产生傲慢的情绪，让对方觉得自己好像被你打败了。如果这样的话，对方很可能产生自己上当受骗的感觉，勃然大怒，不仅订单可能取消，还会影响以后的合作。这样的损失就巨大了。